国家级优秀教学成果推广应用——长沙市示范区建设

新时期劳动教育全面育人体系建构理论研究与实践探索

姜平 ◎ 著

湖南师范大学出版社

·长沙·

图书在版编目（CIP）数据

新时期劳动教育全面育人体系建构理论研究与实践探索／姜平
著. —长沙：湖南师范大学出版社，2022.12
　　ISBN 978 – 7 – 5648 – 4782 – 1
　　Ⅰ.①新… Ⅱ.①姜… Ⅲ.①劳动教育—教学研究—中小学 Ⅳ.①
G633.932

中国国家版本馆 CIP 数据核字（2023）第 012071 号

新时期劳动教育全面育人体系建构理论研究与实践探索
Xinshiqi Laodong Jiaoyu Quanmian Yuren Tixi Jiangou Lilun Yanjiu yu Shijian Tansuo

姜　平　著

◇出 版 人：吴真文
◇策划组稿：陈　凯
◇责任编辑：孟　霞
◇责任校对：胡晓军
◇出版发行：湖南师范大学出版社
　　　　　　地址/长沙市岳麓区　邮编/410081
　　　　　　电话/0731 – 88873071　88873070
　　　　　　网址/https：//press. hunnu. edu. cn
◇经销：湖南省新华书店
◇印刷：长沙印通印刷有限公司
◇开本：710 mm×1000 mm　1/16 开
◇印张：12. 25
◇字数：208 千字
◇版次：2022 年 12 月第 1 版
◇印次：2022 年 12 月第 1 次印刷
◇书号：ISBN 978 – 7 – 5648 – 4782 – 1
◇定价：48. 00 元

自 序

劳动教育新时代，区域改革全赋能

党中央国务院明确指出：要在学生中弘扬劳动精神，教育引导学生崇尚劳动、尊重劳动，懂得劳动最光荣、劳动最崇高、劳动最伟大、劳动最美丽的道理，长大后能够辛勤劳动、诚实劳动、创造性劳动。要努力构建德智体美劳全面培养的教育体系，形成更高水平的人才培养体系。本着以劳动教育为载体，形成更高水平的人才培养体系的教育价值追求，在新的时代背景下，我们站在建设高质量教育体系的高度，定位新时期劳动教育课程建设目标，高站位规划设计劳动教育课程体系，为区域教育深化改革、为高质量教育体系建设、为三全育人的教育新格局全面赋能。

一、高站位规划，架构劳动育人新体系

近年来，笔者国家级优秀教学成果《综合实践活动课程建设推进与实施》在长沙市示范区、广州市增城区推广应用，在成果推广工作中我发现，劳动教育课程建设的问题也是示范区十分关心的问题，如何站在劳动教育课程文化建设的高度引导学校开展劳动教育，实现劳动教育以劳树德、以劳启智、以劳育美、以劳健体的价值追求引发了我的思考。为此，我和示范区、示范学校相关领导及老师们围绕"整合劳动课程内容新结构""拓展劳动教育新资源""建构多方协同育人新模式""建立智慧评价新平台"开展劳动教育全面育人体系建构理论研究与实践探索。

二、大课程融合，整合劳动内容新结构

首先，站在立足新的劳动教育课程文化建构，实现"五育并举"的高度来理解其课程价值，开展以劳动教育为载体，引领学校开展基于课程资源、课程结构深度关联的五育融合课程新体系研究，建构了系统的理论成果与实践模型。

其次，将劳动教育课程与学校文化建设契合，与学校教育哲学、课程特色、已有资源融合一体的理论进行深度实践。

（1）梳理了劳动教育综合主题项目课程开发的八大原则：因校制宜，一校一品；因时制宜，系统建构；因地制宜，独具特色；多段覆盖，梯级上升；统一主题，五育融合；校内校外，一体设计。

（2）建构了四大整合内容体系：劳动教育与学科课程整合的主题体系；劳动教育与综合实践、研学一体化设计主题体系；劳动教育与各类专题项目群融合的主题体系；综合主题统领下的劳动教育主题群整合体系。

（3）提炼了全学科整合主题建构经验范式。围绕学会创造性劳动、培养综合素养和关键能力等高阶目标，指导学校立足时代需求、利用本地资源、结合校园文化，进行跨学科融合，整合形成立德树人、实践育人课程新结构。数百所学校开发了"一校一品"的主题化综合劳动课程体系，提炼了每个主题课程都植入中华传统文化、融入科学探究、开展创意设计、进行技术学习、开展社区服务、联系生活应用的全学科整合主题范式。

如，长沙市金峰小学紧邻省植物园，学校借助这一得天独厚的地理优势，利用植物园丰富的课程资源，结合学校理念，提炼出了核心元素——竹。围绕这一核心元素，学校将植物园的场景植入到环境文化建设中来，进行全方位的场景打造。在场景打造的同时植入课程理念与需求，建构了竹与现代科技、竹与传统文化、竹与建筑文化、竹与生活文化等多个模块组成的竹课程体系。

又如，宁乡市五里堆中学选用长主题"指尖上的面点艺术"课程分为

探包之源、研包之技、食包之味、创包之型四个模块，根据低、中、高三个学段的不同学情设计有层次、有梯度的课程。本课程体系，涵盖了研学课程、劳动教育、智育课程、美育课程等，体现五育融合，注重综合实践的活动类型多样，有考察探究、设计制作、职业体验、社会服务等，通过家、校、基地、产业多方联动，运用多样的学习方式，让学生在开放、动态、主动的实践环境中健康快乐成长。

与此同时，将劳动教育活动综合、实践育人的理念，以及专题学习、深度探究体验的学习方式运用在学科课程教学之中，以问题为中心，以主题活动为载体，以学生主动、探究、合作、体验的学习方式，渗透至学科教学之中。如，博才白鹤小学全课程整合的主题教学方式，引导教学方式与学校文化全面变革。

三、多途径开发，拓展劳动场地新资源

针对劳动教育场所不足的短板，通过统筹各类资源，大力拓展劳动实践场所，满足学校多样化劳动实践需求，让孩子在广阔天地中全面成长。

1. 挖潜开发校园场地

针对城区校园面积小、用地紧张的实际，引导学校充分开发现有空间资源，打造劳动教育立体校园。在平面空间上，引导学校整合校园绿化带和空闲场地资源，开发适宜的劳动教育实践项目；在垂直空间上，引导学校利用楼层空间资源，从楼底到楼顶分层创建劳动教育实践场所，实现立体空间的有效利用。如，周南梅溪湖中学利用有限空地建成种植园，建设"物联网＋现代劳动教育基地"；高新区金桥小学通过巧妙布局，建设屋顶农场7000平方米；天心区新路小学利用学校环境特色，进行四大主题学校劳动教育场景开发等。

2. 拓展建设实践基地

建立不同层级、不同类型的劳动实践基地，努力做到劳动、学习和生活有机统一、相互促进。省、市区共建了长沙市示范性综合实践基地，整合农

村学校及周边农田、土地资源，建设乡村少年宫 171 个，认定望城区博庠研学实践基地、宁乡市湘都农场等劳动与实践教育基地 172 个，为中、小学生提供充足的户外劳动场地。岳麓实验、新竹二小、博才白鹤、一师二附小等学校，整合学校主题，建立校内外基地互为补充的以校内外劳动教育场地为依托的劳动场景。将在家务劳动、生产劳动、服务劳动深度融合的课程体系中，将劳动教育十个主题任务群得以整合实施，形成了校内外联动、多任务整合的新时代劳动教育实施模式。

3. 开发智慧平台资源

开发了长沙市中小学劳动与社会实践活动服务平台，与平台打通，实施"线上 + 线下"形式，突破劳动教育时空限制。开发了劳动云社区，云社区包含劳动实践云场景、劳动文化云场景、劳动评价云场景等三大云场景；云场景突破了供需双方的物理时空限制，借助数字化平台实现供需双方劳动项目发布与接收、团队选择与服务的"双向自主"；数字化平台使劳动实践"学思践悟"各个环节线上线下混合进行，打破劳动教育与德育、智育、体育、美育之间的界限，真正发挥劳动育人价值。如，学生通过平台账号网上预约，就能免费到市图书馆、科技馆、植物园等体验"小小图书管理员""博物馆讲解员"等职业体验活动，引导学生积极、有序参加劳动实践。

四、全社会参与，建立协同育人新机制

劳动教育协同育人机制形成过程中，将学校、家庭、社会、政府课程资源有效整合，并通过课程实施的方式，开展联动育人劳动教育。

1. 建构家校社联动实施模式

笔者结合劳动教育课程目标及特征，根据劳动教育五育融合的内容体系，建构了新时期劳动教育实施 16 类模式：学校基地互动研学模式、四方联动模式、产教融合模式、学校常规管理模式、学校社区互动模式等。以上模式充分挖掘家庭、社区、社会优质课程资源，将优质资源课程化后纳入学校育人课程体系，形成了以学校常态实施为主导，在综合主题劳动教育实施

过程中，家庭、社会、政府分别参与主题实施不同阶段的联动实施新路径。

一是发挥学校主导作用。指导学校根据学生年龄特点，对劳动教育进行整体设计、系统规划，制订劳动教育实施方案；探索了同一主题开展过程中，纳入常态课时计划、与研学实践统一规划、与学科教学深度融合、与三点半课程整体设计、与学校文化活动协调一致、与家务劳动及亲子活动联动安排的实施路径。二是将家务劳动纳入学校主题课程管理范畴，制订与主题统一家务劳动指南，布置家庭劳动任务、寒暑假劳动作业。三是发挥社会支持作用。强化政府统筹作用，充分调动社会力量，积极引导企业、公司、工厂、农场等参与劳动教育资源开发，开放实践场所；鼓励工会、共青团、妇联等群团组织和各类公益基金会、社会福利组织创造条件，为学生参加志愿服务和参与社区治理提供更多的平台与机会，共同营造了关心和支持劳动教育的社会氛围。

2. 建立家、校、社协同育人教师资源

针对劳动教育师资配备不足、专业素养不高、考核机制不全等普遍问题，采取多种方式建设专、兼职结合的劳动教育师资队伍，提高其劳动教育规划、设计与组织实施能力。

一是配备专任教师。结合中小学教师"县管校聘"管理改革，核定中小学劳动教育教师岗位数量，为学校配备必要的专任教师。各区县（市）教育局明确专人负责劳动教育，教研部门综合实践教研员负责劳动教育研究任务；改革完善劳动教育管理机制，引导劳动教育、综合实践和通用技术等专任教师参加劳动教学，做到分工协作、全员参与；推动中小学与职业院校建立师资交流共享机制，鼓励职业院校教师发挥专业优势，承担中小学校劳动教育教学任务，确保教师结构合理、数量充足、素质过硬。

二是建立特聘制度。动员社会力量积极参与，聘请高校教师、劳动模范、能工巧匠、非遗传承人和有一技之长的学校优秀教职工、社会人才等担任劳动实践特聘教师或指导老师。如，开福区新竹二小、岳麓实验小学、博才白鹤小学等一大批学校，聘请校外专业人士组建劳动教育师资团队；开福

区金鹰小学，根据课程教学内容给校内、校外教师定岗，确定了基础型岗位、技能型岗位、综合型岗位、工匠型岗位、生产劳动型岗位等建立教师队伍，且每个岗位都有各自的能力目标和评价方式，进行有针对性的培训，为劳动教育的师资提供有利保障。

三是创新教师培训模式。针对劳动教育的特点，建构了专题体验式教师研训模式，通过"结合校情，确立专题—基地体验，学习方法—合作研讨，设计专题—指导实践，复盘专题—自我反思，提炼策略"的研训方法与路径设计，引领全体教师合作开展跨学科综合劳动教育专题，并将相关理念渗透学科教学活动，并在其实施过程中，有效整合家长、社会指导力量共同参与，全面提升全员参与的意识与能力。

五、云平台应用，凸显智慧评价新特征

根据《全面加强大中小学劳动教育实施意见》《劳动教育课程标准》等文件精神，结合本校实际，确定学生劳动教育评价目标；制订劳动教育评价内容指标体系；探索丰富的过程性评价方法，建立了一种以空间为依托的发展性评价体系。

1. 研制劳动教育发展性评价内容

劳动教育评价内容设计，要建立多层次的评价指标体系。第一步，从《劳动教育课程标准》主题群的每个项目的素养表现中提炼出核心素养关键词，这些关键词围绕劳动观念、劳动能力、劳动习惯和品质、劳动精神四个维度设计，作为一级指标；第二步，在以上一级指标的基础上，根据学校开展的具体劳动活动项目进行指标设计。目前，我市依据《劳动教育课程标准》相关文件精神，结合实际，形成区域中小学校劳动教育状况评价指标。评价指标包括 4 项一级指标、16 项二级指标，从课程设置、课程实施、机制保障等方面设立评价内容，细化评价指标。

2. 基于空间利用的智慧评价方法

利用"大数据、云平台"等现代信息技术手段，关注学生在劳动教育

活动中的实际表现。通过"劳动云平台"的搭建，学校劳动教育方式实现了从"号令驱动"向"行为自觉"转变，劳动教育资源获得从单一支持到自我演化的社会劳动圈转变。

指导学生如实记录平时劳动教育情况，相关记录通过平台，纳入综合素质数字档案。一是突出劳动教育过程性写实记录。指导学生运用空间以写实为主，形成实证材料。二是突出典型性的细节描述。指导学生将有代表性的重要活动记录和典型事实材料遴选出来，如最典型的活动、最独特的劳动经历、最具创意的劳动成果等。三是呈现方式多样。既有数据支撑、文字描述，也有图片、视频或实物等多种形式。四是形成突出个性化档案。学校指导学生按照综合素质评价档案样式，形成劳动教育评价档案；五是突出公正性的公示审核。学校要对劳动教育评价的事实材料进行公示，对公示后的材料进行审核。

3. 发挥劳动教育综合评价的效能

一是纳入政府教育履职评价。坚持将劳动教育开展情况纳入区县（市）人民政府履行教育职责评价范畴，每年通过实地督查等形式，督促区县（市）完善加强劳动教育的政策措施，推动劳动教育实验区县（市）、实验校等的建设。对地方政府和有关部门保障情况及学校实施情况进行督导，督导结果向社会公开。同时，将这个作为衡量区域教育质量和普通高等学校分类评价的重要指标，作为对被督导部门和学校及其主要负责人考核奖惩的重要依据。并将支持学生劳动教育情况纳入国有企业履行社会责任报告事项。

二是纳入学校教育质量综合评价。将劳动教育纳入学校教育质量综合评价体系，制定评价标准，监测课程设置、教学实施、保障机制和学生劳动素养。

三是评价结果作为衡量学生全面发展的重要内容，作为评优评先的重要参考，作为高一级学校录取的重要依据，引导学生树立正确的劳动观，崇尚劳动、尊重劳动。同时，在学校教育质量综合评价指标体系中设置劳动教育评价专题，涵盖课程设置、教学实施、保障机制、学生劳动素养4个一级指标和劳动观念、劳动习惯、劳动知识与技能等 16 个二级指标，通过"研发评价指标—研制评价工具—实施素养监测—发布评价报告—推进结果运用"五个步骤，形成工作闭环，对学校劳动教育实施情况进行全方位的评价，评价报告向社会公开发布。

站在"深挖劳动教育内涵，建构全面育人体系"的高度，以劳动教育为载体，践行实践育人的理念，建构五育融合的课程体系，深化育人方式改革，切实落实立德树人根本任务，进一步深化并推广劳动教育课程的理论研究和有效实践，为落实新时期劳动教育课程建构理论与实践做出应有的贡献。

姜 平

2022 年 11 月于长沙

目　录

专题一
新时期劳动教育的指导思想与目标

一、新时代劳动教育的指导思想

党的十八大以来，我国形成了系统完整的新时代中国特色社会主义教育理论体系，首先，党中央、国务院提出了人才培养目标的问题，指出我们培养什么人、怎样培养人、为谁培养人，这是教育工作的根本任务，即要培养一代又一代拥护中国共产党领导和我国社会主义制度、立志为中国特色社会主义奋斗终生的有用人才。同时，明确指出要在学生中弘扬劳动精神，教育引导学生崇尚劳动、尊重劳动，懂得劳动最光荣、劳动最崇高、劳动最伟大、劳动最美丽的道理，长大后能够辛勤劳动、诚实劳动、创造性劳动。要努力构建德智体美劳全面培养的教育体系，形成更高水平的人才培养体系。以上论述，为新时代教育改革发展提供了根本遵循，也是我国劳动教育课程建设的指导思想和行动指南：一是明确了劳动教育的根本任务，培育德智体美劳全面发展的社会主义建设者和接班人；二是制定了劳动教育课程建设目标，作为立德树人课程体系的重要内容，劳动教育要融入各学科、各领域、各环节，立足全面育人体系建构；三是指出劳动教育实施要建构模型与探索路径，形成家校社多方合力。

围绕劳动教育的指导思想，党中央、国务院谋划思路、制定措施，深化改革、破解难题，对劳动教育工作进行决策部署。

（一）修订《中华人民共和国教育法》

2021 年 4 月，全国人大代表大会常务委员会第二十八次会议通过了

《教育法》的修订。其中，第五条充实教育培养什么人的内容，将原来"培养德智体美全面发展的社会主义建设者和接班人"增加"劳"，修改为"培养德智体美劳全面发展的社会主义建设者和接班人"，这是贯彻落实党的十九大精神、全国教育大会精神的重要举措，是对教育基本法律制度的进一步完善，也是对劳动教育重要性的强调。

（二）颁布《关于全面加强新时代大中小学劳动教育的意见》

2020 年 3 月 20 日，中共中央、国务院颁布《关于全面加强新时代大中小学劳动教育的意见》，明确提出：以习近平新时代中国特色社会主义思想为指导，全面贯彻党的教育方针，落实全国教育大会精神，坚持立德树人，坚持培育和践行社会主义核心价值观，把劳动教育纳入人才培养全过程，贯通大中小学各学段，贯穿家庭、学校、社会各方面，与德育、智育、体育、美育相融合，紧密结合经济社会发展变化和学生生活实际，积极探索具有中国特色的劳动教育模式，创新体制机制，注重教育实效，实现知行合一，促进学生形成正确的世界观、人生观、价值观。

随后，教育部印发《大中小学劳动教育指导纲要（试行）》的通知，提出：为深入贯彻习近平总书记关于教育的重要论述，全面贯彻党的教育方针，落实中共中央国务院《关于全面加强新时代大中小学劳动教育的意见》，加快构建德智体美劳全面培养的教育体系。2022 年，《义务教育劳动教育标准（2022 年版）》颁布，对劳动教育课程性质、课程理念、课程目标、课程内容、劳动素养要求、课程实施等六个方面进行了阐述。

随着国家一系列关于教育深化改革、劳动教育的政策出台，为劳动教育课程与劳动教育的理论探索与实践，指明了新的发展方向。如何站在深挖劳动教育内涵、建构全面育人体系的高度，以劳动教育为载体，践行实践育人的理念，建构五育融合的课程体系，深化育人方式改革，切实落实立德树人根本任务，进一步深化并推广劳动教育课程的理论研究和有效实践，是当务之急。

二、新时代劳动教育全面育人体系建构的原则

（一）立足劳动教育全面育人的体系建构

1. 建构课程文化

坚持立德树人，充分发挥劳动教育的综合育人功能，以劳树德、以劳增智、以劳强体、以劳育美，促进学生全面发展、健康成长。劳动教育具有综合性、实践性、开放性、针对性的特征，劳动教育不仅仅是一门课程，更是一种劳动课程文化。开展劳动教育，我们要立意高远，要站在立足新的劳动课程文化建构，实现"五育并举"的高度来理解其课程价值。

2. 体现时代特征

注重产教融合、新兴技术支撑和创新劳动教育实践，培养科学精神，提高创造性劳动能力，适应未来新服务的变化。

3. 立足系统建构

劳动教育必须融入有梯度、有层次的课程体系，通过学期之间、学年之间、学段之间活动内容的有机衔接与联系，构建科学合理的、有高度整合的课程结构以及形成联动方可达成任务的劳动教育主题活动内容序列。

4. 坚持因地制宜

根据各地区和学校实际，结合当地可利用资源，将劳动教育与学校文化建设、学校教育哲学、课程特色、已有资源融为一体，采取多种方式开展劳动教育。

5. 突出综合实施

加强政府统筹，建立整合机制，拓宽劳动教育途径，多方联动多维度开展劳动教育。整合家庭、社会、学校、政府教育合力，形成保障机制。建构学校与社会、学校与家庭、学校与社区、学校与基地互动劳动教育模式。

（二）立足我国高质量教育体系的全面建构

党的十九届五中全会提出建设高质量教育体系：其中包括优质均衡的基本公共教育服务体系、五育并举的全面育人体系、完善基础教育质量评价体系，以及学校、家庭、社会协同育人的体系。在新的时代背景下，我们要站在建设高质量教育体系的高度，定位新时期劳动教育课程建设价值追求。

（三）立足促进学生劳动素养的全面提升

在 2022 年颁布的《义务教育阶段劳动课程标准》中，明确了劳动教育核心素养内涵：劳动观念、劳动能力、劳动习惯和品质、劳动精神。

1. 形成学生基本劳动意识

形成学生基本劳动意识，树立正确的劳动观念。其中重点把握：尊重劳动与劳动者、理解"行行出状元"；懂得劳动创造美好生活；崇尚劳动最光荣、最崇高、最伟大、最美丽。

2. 发展初步筹划思维，形成必备劳动能力

这些必备的能力包括使用常用工具能力、设计能力、创造能力、操作能力、合作能力。

3. 养成良好的习惯，塑造基本劳动品质

劳动习惯包括安全劳动、规范劳动、有始有终；

劳动品质包括自觉自愿、认真负责、诚实守信、吃苦耐劳、团结合作、珍惜成果。

4. 培育积极的劳动精神，弘扬劳模精神和工匠精神

厘清"三种"精神之间的内在关联，从劳动精神到工匠精神再到劳模精神是一系列提升和跃迁，劳动精神可分为三种层次。第一层次是作为一个合格的劳动者应该具备的精神特征，即"崇尚劳动、热爱劳动、辛勤劳动、诚实劳动"，也就是具备想干、爱干、苦干、实干的基本劳动素养。第二层次是作为一个专业的劳动者，也就是工匠应该具备的精神特征，即"执着专注、精益求精、一丝不苟、追求卓越"，也就是具备"懂技术、会创新"的专业劳动素养。第三层次是作为一个模范的劳动者，也就是劳模应该具备的精神特征，即"爱岗敬业、争创一流、艰苦奋斗、勇于创新、淡泊名利、甘于奉献"，具备"有理想守信念、懂技术会创新、敢担当讲奉献"的卓越劳动素养，具有信仰坚定、胸怀全局、担当奉献、引领示范等精神品质。

三者之间的关系要梳理明晰，彭维锋对三者的具体内涵进行了精准剖析：他指出第一层次，劳动精神的内涵。包括"崇尚劳动、热爱劳动、辛勤劳动、诚实劳动"。其中，"崇尚劳动"是树立正确的劳动价值观，认识到"劳动最光荣、劳动最伟大、劳动最崇高、劳动最美丽"；"热爱劳动"是培养正确的劳动态度，促进劳动者自觉劳动、积极劳动、主动劳动；"辛

勤劳动"是对劳动过程及其强度的充分肯定,表明要充分遵循劳动的客观规律以及要达到的劳动强度,体力劳动要付出辛劳和汗水,脑力劳动也要付出智慧和心血;"诚实劳动"是对劳动者品德的客观规定,表明劳动要踏踏实实、求真务实、真抓实干、实事求是。第二层次,工匠精神的内涵。包括"执着专注、精益求精、一丝不苟、追求卓越"。其中,"执着专注"是精神状态,是时间上的坚持、精神上的聚焦;"精益求精"是品质追求,是质量上的完美、技术上的极致;"一丝不苟"是自我要求,是细节上的坚守、态度上的严谨;"追求卓越"是理想信念,是理想上的远大、信念上的高远。第三层次,劳模精神的内涵。包括"爱岗敬业、争创一流、艰苦奋斗、勇于创新、淡泊名利、甘于奉献"。其中,"爱岗敬业、争创一流"是劳模精神的本质特征,体现了劳模对国家、社会、职业的高度责任感、使命感和舍我其谁的主人翁精神;"艰苦奋斗、勇于创新"是劳模精神的品质,劳动模范是辛勤劳动、诚实劳动、创造性劳动的积极实践者,踏踏实实、奋发图强、勇于挑战、敢为人先,在实现中华民族伟大复兴的历史征程中埋头苦干、求真务实、创新创造;"淡泊名利、甘于奉献"是劳模精神的价值追求,彰显了劳模先进心甘情愿、默默坚守、全身心投入,不求声名和个人私利。

三、新时代背景下劳动教育总目标

当前,劳动教育的理论研究与实践探索,一方面,要整合各类资源,建构基于资源整合与课程结构整合的劳动教育课程体系和劳动实践模型,并将该体系建构中凸显的实践育人、综合育人、社会育人、过程育人、管理育人等理念方法,渗透到学校、家庭、社会教育的方方面面,建构全面育人体系。

(一)构建立德树人、实践育人课程新体系

通过劳动教育课程建设,引领学校建立实践、开放、弹性、前瞻性的综合课程体系,构建基于学科整合的有层次、有梯度的,在学期之间、学年之间、学段之间活动内容有机衔接的活动主题序列,推动跨学科综合育人、实践育人课程体系建构。

（二）整合劳动教育、研学实践课程新结构

在劳动教育过程中，拓宽综合实践课程内容领域，将劳动教育、研学实践等实践育人课程进行整合融通，整合形成立德树人、实践育人课程新结构。

（三）整合家校社资源，建构多方联动新模式

在新的时代背景下，劳动教育课程实施的重点由学校常态实施转变为学校、家庭、社会、政府互动模型的建构，形成联动育人的机制。劳动教育教师指导的重点由强调过程指导的基本行为规范转化为加强整合各类资源，形成教育合力与联动机制。

（四）引领综合学科育人，促进方式与文化新变革

在劳动教育实践过程中，将劳动教育综合育人、实践育人的理念及专题学习、深度探究体验的学习方式运用在学科课程教学之中，劳动教育以问题为中心，以主题活动为载体，引导学生主动、探究、合作、体验的学习方式，渗透至学科教学之中，引导教学方式与学校文化全面变革。

在《义务教育劳动课程标准》中对劳动课程具体目标分年段进行了具体描述，在此不一一赘述，将在后面相关章节中进行有关目标的解析。

关于劳动教育，要建构全面育人体系，主要包括如下几个方面：（1）五育融合课程体系建构；（2）德智体美劳深度融合的课程体系；（3）联动方式实施三全育人、家校社联动，打破学科、学段、学校类别；（4）综合素质评价，基于综合素质的素养评价；（5）劳动素养，注重全面个性发展：有教无类、因材施教，两个兼顾；（6）劳动教育引领学校课程文化及教学学习方式变革；（7）多元主体教师：形成学校、家庭、社会、政府教育合力。

提出此观点，一是基于深入贯彻执行新时代劳动教育的指导思想，同时，基于笔者关于劳动教育理论与实践研究的成果和经验。2001年基础教育课程改革，劳动教育成为综合实践活动课程的重要内容领域后，笔者开展了劳动教育在综合实践活动课程领域实施的研究。在综合实践活动课程领域中，将劳动教育作为一个课程领域，包括劳动教育课程内容开发、目标建构与分层设计、劳动教育方法论系统建构、劳动教育评价、劳动教育实施指导策略以及课堂教学模式研究等系统问题研究，该研究成果获得首届国家教学

成果奖。可以说是为劳动教育全面育人体系建设在理论与实践方面进行了全面奠基。

　　自笔者 2014 年获得基础教育国家级优秀教学成果奖以来，在近 7 年的时间里，在已有成果基础上，立足新时代的要求，一直不断进行研究成果的深化研究，并形成新的劳动教育成果体系。该体系以劳动教育为抓手，以建构德智体美劳全面培养的教育体系为目标，研究与实践推广包括家校社联动机制的建构、研学实践课程与执行体系建设、劳动教育课程建设整合与实施、综合实践引领学校教学与学习方式变革等研究成果。在提炼、设计成果推广内容的过程中，重新梳理了新时代背景下成果推广的重要内容。重点探讨了落实新时期劳动教育课程实施的重要任务的途径，尤其是通过劳动教育课程载体，促进劳动教育课程体系建设、学校、家庭、社会、政府教育合力形成等方面。

专题二
五育融合的劳动教育课程体系建构

劳动教育具有综合性、实践性、开放性、针对性特征，在劳动教育课程体系建构中，我们要立足劳动课程文化建构，建构基于与各基础性学科整合的劳动教育课程体系，通过学期之间、学年之间、学段之间活动内容有机衔接，构建科学合理的、高度整合的课程结构，形成有梯度、有层次、互联互动的劳动教育主题序列。

一、五育融合课程体系建构的基本特征

《全面加强大中小学劳动教育实施意见》明确指出：整体优化学校课程设置，将劳动教育纳入中小学国家课程方案和职业院校、普通高等学校人才培养方案，形成具有综合性、实践性、开放性、针对性的劳动教育课程体系。在劳动教育课程体系建设中，有三个关键词要领会：课程结构、课程体系、课程文化。第一，新时代劳动教育立足于人的整体性，融合多学科知识，对人、社会和自然进行整合，将理论知识有机融入现实社会，对学生健全人格发展起着重要作用。第二，劳动教育必须融入有梯度、有层次的课程体系，通过学期之间、学年之间、学段之间活动内容的有机衔接与联系，构建科学合理的、有高度整合的课程结构，以及形成联动方可达成任务的劳动教育主题活动内容序列。如，在课程内容开发过程中，我们要求学校、教师对课程内容进行统筹规划，构建统一主题的"领域—模块—主题—项目"四级课程框架。第三，要多方挖掘各类专题蕴含文化内涵，包括传统文化、

红色文化、时代精神的挖掘，引导学生将丰富的文化融入生活细节。第四，把握劳动教育新特征。劳动教育作为一种教育文化，它与各学科、各类教育活动，与学校、家庭、社会都有着密切联系，开展劳动教育，我们要立意高远，要站在立足新的劳动教育文化建构，实现五育并举的高度来理解其课程价值。新的劳动教育文化，"新"的特征有如下几点：一是综合性，即劳动教育课程的组织不再囿于学科界限，而向跨学科和综合化方向发展。二是实践性，劳动教育实施不再是单纯的知识或技能的传授习得，课程实施是师生共同探究的过程，在探究过程中运用文化植入、科学探究、访问调查、观察实验、设计制作、艺术创造、生活应用、社会服务等一系列实践活动的方式，不断发掘和创造劳动实施经验。三是开放性，一是课程目标的开放性，劳动教育的课程目标不是完全预定的，在探究、体验、劳动过程中可以根据实际情况不断调整；二是课程实施的环境的开放性，开展包括校外基地学习、实践场景学习的方式，将成为劳动教育开展的常态。四是整合联动性，劳动教育课程的实施要整合各类优质课程资源，因时制宜、因地制宜，形成学校、家庭、社会、政府联动育人机制。五是创新性，劳动教育课程要结合热点，将前沿科技、新兴技术等随时纳入课程体系之中，密切课程与现实生活联系，在解决应用问题过程中不断创新。

　　新的时代背景下，劳动教育要充分体现新兴技术支撑、产教融合及创造性劳动教育特征。以种植类劳动教育为例，首先要引导学生遵循自然之道，在种植活动中不仅仅考虑种植技术，而且要立足良好生态系统的建构，将水资源循环利用、土壤的检测改良、生态有机肥料的制备、生态防虫、因时制宜、因地制宜等方面综合考量的基础上开发课程。其次是新技术的运用，如在学校或基地种植活动中，运用新的实验、测量、遥感等先进技术，完善土壤、湿地、地表水、地下水等生态环境保护信息系统，运用新型栽种技术，让植物生长过程可视化等。

【案例分享】

劳动教育活动主题：有机堆肥的制作方法

活动对象：四、五年级

主要项目	具体活动
项目一 我是堆肥小达人	活动一　分门别类备材料 1. 学习拔草需留心。 （1）学会区分红薯藤与杂草。 （2）学习拔草的方法：用一只手拨开红薯藤，另一只手抓住杂草的根部，用力连根拔起；站在沟里拔草，不踩坏红薯藤。 （3）注意安全。 2. 分组拔草乐趣多。 3. 透气材料我来找。 现场寻找收集枯枝、蒿草等。 4. 运送材料要协作。 用簸箕将草、透气材料、土、从家里带来的厨余材料等运送到堆肥点。 活动二　堆肥地点慎选择 我们选择了地势较高、背风向阳、离水源较近、运输施用方便的地方为堆制地点。 活动三　处理材料有讲究 1. 剔除碎石子等杂物。 特别要防止重金属和有毒的有机和无机物质进入。 2. 切碎剪成小段。 将杂草等剪成约6~7厘米长的小段，厨余材料剪成小块，以加快腐熟。 活动四　堆肥制作有方法 1. 有无微生物菌群堆肥制作。 添加微生物菌群堆肥制作。 第一层：透气材料 第二层：堆肥材料 第三层：微生物菌群，有利于促进发酵 第四层：土，农谚云："草无泥不烂，泥无草不肥"。 第五层：水 如此反复数遍，最后封土。 堆肥要点 "吃饱"——量加足 "喝足"——加足水 "盖严"——用泥土密封 普通堆肥制作。 在上述制作方法上去掉第三层，其余同上。 2. 制作堆肥标牌。

（续表）

主要项目	具体活动
项目二 我是创意小木匠	活动一　材料准备很重要 1. 收集合适的木板材料、镀锌的钉子或包膜的匣板螺丝。 2. 将木材切割成合适的尺寸。 活动二　着手制作步步详 1. 制作木板的一面。 2. 将箱子的前、后、左、右、下都装订完整。 3. 制作箱盖。我们为箱子装订了一个方便打开的木板盖，这样就能让后期加入厨余材料搅拌、进行观察时更便捷。
项目三 我是种植小能手	活动一　试验田地精心选 我们选择了用有机肥进行了改良的土壤，并且农民伯伯已经帮我们松了土。 活动二　种植方法学牢靠 第一步：挖坑； 第二步：一组同学在坑里加入微生物菌群肥料，另一组同学不加微生物菌群，方便进行对比实验； 第三步：小心地将幼苗放入小坑，一只手扶稳幼苗，一只手用锄头轻轻地盖上一层土，将坑填满； 第四步：浇水。 活动三　领取材料齐帮忙 锄头、幼苗、微生物菌群、水…… 活动四　对比种植学问深 我们开始种植了。一个班的同学种花菜幼苗时，加了微生物菌群肥料；另一个班的同学种包菜幼苗时，没有加微生物菌群肥料。我们准备进行对比实验，了解微生物有机肥和普通有机肥对植物生长的影响。 活动五　种植标牌妙手制
项目四 我是记录小行家	活动一　腐熟进度勤记录 1. 设计观察记录表。 2. 进行观察记录。 微生物有机肥、普通有机肥腐熟进度对比实验观察记录：拍照、拍视频、写观察日记、填写观察记录表等。 （1）试验田微生物有机肥和普通有机肥腐熟进度对比实验。（研学基地老师定期拍照发给学校指导老师，上课时同学们一起观察记录）。 （2）学校微生物有机肥和普通有机肥腐熟进度对比实验。学生将在基地制作的堆肥、堆肥箱带回学校，方便开展观察记录，并与基地试验田的堆肥进行比较。 3. 根据观察记录，分析得出初步结论。 （1）微生物可以促进有机肥的腐熟；（2）有机肥发酵过程中，温度会慢慢升高，一个星期左右最高，达到将近60摄氏度，然后温度又慢慢降低。（3）有微生物的有机肥比没有微生物有机肥，在发酵过程中温度稍高一点，对比不明显。

（续表）

主要项目	具体活动
项目四 我是记录小行家	活动二　植物生长细观察 1. 设计种植观察记录表。 2. 研学基地试验田及学生在家自主种植观察记录。拍照、拍视频、写观察日记、填写观察记录表等。（研学基地老师定期将试验田植物生长的拍照发给学校指导老师，上课时同学们一起观察记录） 3. 通过一系列的观察记录，我们得出初步结论：微生物有机肥能促进植物的生长。
活动反思	优点： 传统与现代的有机融合。 在传统的有机肥制作中加入了微生物菌群，并且开展对比实验，将传统的农耕劳动与现代的技术有机融合。 学校与基地的有效对接。 活动过程非常扎实，在基地开展了一天研学后，基地老师与学校老师一直紧密联系，拍照、拍视频给孩子们进行观察记录，我们开展了长线研究，让我们的研学课程更有深度和广度，更加有意思、有意义。 教师与学生的密切协作。 教师指导细致有效，学生探究自主深入。 不足： 种植的对比实验变量控制不严谨。 因为选择了两种不同的植物幼苗，花菜和包菜，另外，影响植物生长的因素除了微生物菌群，可能还有很多，所以，这个对比实验可能不够科学。 全过程进行温度的监测未完成。 与基地对接时漏掉了温度记录，所以只有10月29日记录了温度，没有对堆肥发酵和植物种植全过程进行温度的监测，留了一点小小的遗憾。

（案例提供：湖南省长沙市博才白鹤小学）

二、五育融合的劳动教育课程体系建构方略

自《中共中央国务院关于全面加强新时代大中小学劳动教育的意见》（以下简称《意见》）颁布以来，笔者展开了劳动教育的理论研究与实践探索。在考察调研中发现，当前各地开展劳动教育过程中存在诸多认识的误区，突出问题有三：第一，将劳动教育理解为劳动技术训练，忽略基于综合价值追求的劳动教育体系建设，劳动教育课程只有活动，没有课程；第二，浅层次的劳动体验课程，大部分学校开设的劳动教育课程仅仅停留在家务劳动、日常值日劳动、简单的种植劳动及浅层次体验劳动层面，劳动教育形式单一，缺

乏深度劳动体验；第三，劳动教育仅仅局限在学校开展，家校社联动育人机制没有形成。

　　个人认为，劳动教育要与各学科课程，尤其是综合实践活动课程进行统筹，必须优化劳动教育课程结构。如在综合实践课程中，重点开展劳动教育专题不少于一半，在研学实践活动中重点设置劳动类教育专题，利用研学活动开展主题劳动日、劳动周活动。

　　依照国务院《意见》精神，在实践探索中，笔者主要分两个层次整体设计劳动教育课程体系：基础类课程体系和综合类主题体系。

（一）建构基础类劳动教育课程体系

　　基础类课程体系为确保底线，开齐开足劳动教育课，侧重关注出汗出力、劳动体验、劳动习惯、劳动技术层面的目标达成。包括基础性日常生活劳动、生产劳动、服务劳动三个领域，其中，日常生活劳动主要围绕清洁卫生、收纳整理、烹饪营养与食育文化、家用器具使用与维护、特色主题劳动周等模块设计劳动主题与项目开展；生产劳动主要围绕农业生产劳动、传统工艺制作、产教融合类工业劳动、现代新技术体验、特色主题劳动周等模块设计劳动主题与项目开展；服务型劳动主要围绕现代服务业劳动、公益劳动、志愿服务特色开展。课程模块下，一百多个主题，上千个项目，各学段贯通设计，达到学期之间、学年之间、学段之间活动内容的有机衔接与联系。

【案例分享】

长沙市中小学生基础类劳动任务建议清单

学段	劳动类型	任务内容
小学（一、二年级）	日常生活劳动	清洁与卫生：独立完成个人小物件的清洗，在老师指导下打扫教室卫生。学会清洗茶杯、水杯
		收纳与整理：学会整理自己的书包、书桌，学习用品归类放置
		烹饪与食育：学会简单的择菜、洗菜及冲泡饮品。结合节令与传统文化，学会做盐蛋、熬煮粥饭等

（续表）

学段	劳动类型	任务内容
小学（一、二年级）	生产劳动	农业生产劳动：去农业类劳动教育、研学基地学会1～2种水培、土培花卉种植与养护；进行小动物观察与喂养，如养金鱼、蚕子等小动物
		传统工艺技术：结合地方文化，学会如剪纸、贴画、陶艺、插花等其中1～2项传统工艺制作项目
	服务劳动	公益与志愿服务：在家长带领或学校组织下开展为社会有关人士，如优秀党员、白衣天使等送自制小礼品活动，开展给社区老人送温暖或去养老院看望老人等活动
小学（三、四年级）	日常生活劳动	清洁与卫生：学会清洗自己的鞋袜书包及打扫自己生活小空间；打扫教室、擦课桌椅及参与学校环境卫生打扫
		收纳与整理：进行区域空间的整理与收纳以及清扫。如书柜、衣柜的整理归类及收纳
		家用器具使用：学会使用家里常见厨房电器及用具，并选择合适的器具进行食品加工
		烹饪与食育：会用凉拌、蒸、煮的方法进行简单的烹饪劳动。能结合节令学会做月饼、花饼等传统食品
	生产劳动	农业生产劳动：通过参与农业类劳动教育基地活动，学会一两项当地农作物种植及参与当地常见小动物喂养
		传统工艺技术：结合当地传统文化，学会如编织、泥塑、纸艺等其中1～2项传统工艺制作项目，（不重复1、2年级的学习项目）。学会上述技艺用于生活应用设计
	服务劳动	服务劳动：根据当地资源及自己兴趣与实际条件，选择1～2项目参与体验。如餐厅服务员、博物馆解说员、研学活动及劳动教育基地实践活动安全员、学校垃圾分类监督员等
		公益劳动与志愿服务：开展1～2次公益活动。如组织为山区儿童献爱心捐赠等

（续表）

学段	劳动类型	任务内容
小学（五、六年级）	日常生活劳动	收纳与整理：整理自己的生活、学习空间，及学会合理利用学习、生活空间，掌握物件摆放、收纳的技巧，并学会用自己种植的植物、传统手工制作等美化空间环境。
		烹饪与食育：能运用炒、煎、炖的方法为家人做1~2道家常菜，独立完成择菜、做菜、洗碗、刷锅、擦灶台的过程。能结合节令学会做包子、元宵等传统食品
		家用器具使用：学会清理家用冰箱、冰柜；学会使用微波炉、烤箱、电饭煲，规范运用吸尘器，简单拆卸和清洗电风扇、空调过滤网等。学会厨房刀具使用，会菜蔬切块、切丁。掌握泡菜的制作工艺
	生产劳动	农业生产劳动：去农业类基地选择1~2种花卉、蔬菜种植并科学防虫、肥料制备；会养小鸡小鸭等小动物
		传统工艺制作：学会布艺、竹艺、木艺、印染等其中1~2项，初步掌握制作技能与方法。学会运用常见竹木及金属材料制作简单工艺作品，并应用于生活
		工业生产劳动：在工业制造类基地，进行简单的工业产品模型加工、配件制作
		新方式、新技术劳动：开展产教融合劳动、体验运用三维打印、智能控制等新方式、微生物参与环境改良等新技术
	服务性劳动	现代服务劳动：基于个人兴趣与实际条件，开展文化创意、社会保障和社会福利业、物流邮政业、基地服务、农林科技类等服务活动

（续表）

学段	劳动类型	任务内容
初中（七、八、九年级）	日常生活劳动	收纳与整理：收拾家里所有厅室及学校教室内部布置、初步了解不同厅室家具搭配及养护。 会用自己种植的花卉植物及手工制品装饰家具、美化阳台
		烹饪与食育：能设计完整的菜谱，包括冷菜、汤品、热菜、主食四个部分，能独立完成3~4个菜品炒制。能结合节令学会包饺子、包粽子、做八宝饭等传统食品。掌握干菜、红薯干的制作工艺
		家用器具使用与维护：能安全、规范地使用家中所有电器并合理使用工具进行简单维修。学会厨房刀具使用、保护，会磨刀
	生产劳动	传统工艺制作：学会铁艺、木艺、印染等其中1~2项，掌握制作技能与方法及工艺特点。并开发上述作品在生活中应用功能
		农业生产劳动：去农业类基地，学会当地1~2种农作物进行种植并参与养护、收获全过程。初步掌握1~2种农作物产品加工方法、贮存方法及加工技术
		工业生产劳动：在木工、金工、电子、服装、造纸、纺织等工业生产中选择1~2项，进行生活、工业产品设计与加工
		新方式、新技术劳动：开展产教融合，进行产品推广的策划与设计；了解1~2项新技术的基本工作过程、常用参数设置、材料适用范围等
	服务劳动	现代服务劳动：结合当地业态，在交通运输、现代农业科技、计算机软件、房地产物业管理等领域开展现代服务活动。并结合产教融合，针对当地某一特色项目或产品开展基于营销方案设计的现代销售服务
		公益与志愿服务：利用自己日常生活劳动、生产劳动，为学校、社区提供2项有挑战的社会服务。如建立物资捐赠服务站等

（续表）

学段	劳动类型	任务内容
高中学段	日常生活劳动	收纳与整理：收拾家里所有厅室及学校教室内部布置，并进行一定场景的美化与装点装饰
		烹饪与食育：能设计完整的菜谱，包括冷菜、汤品、热菜、主食四个部分，能独立完成设计的菜谱中的食物品类制作、烹饪。能结合时令及节气，掌握甜酒、炒米、腊肉、坛子菜的制作工艺
		家用器具使用：能安全、规范地使用家中所有电器并合理使用工具进行简单维修并针对故障分析讨论解决方法。学会简单的家具拼装
	生产劳动	农业生产劳动：去农业类基地，学会当地3～4种先进的农作物进行种植栽培技术，并参与养护、收获、加工、储藏全过程。初步掌握3～4种农作物产品加工方法、贮存方法及加工技术
		传统工艺制作：选择陶艺、纸艺、布艺、铁艺、木艺、印染等其中2～3项，掌握制作技能与方法及工艺特点，并综合运用多种工艺进行产品设计制作
		工业生产劳动：在木工、金工、电子、服装、造纸、纺织等工业生产中选择1～2项，进行工业产品设计与加工的基础上，进行产品组装、测试、优化
		新方式、新技术劳动：开展产教融合，进行产品优化、推广的策划与设计；了解1～2项新技术并利用其应用于某模型制作及简单的产品设计制作
	服务性劳动	现代服务劳动：结合当地业态，在交通运输、现代农业科技、计算机软件、房地产物业管理等领域开展现代服务活动，并结合产教融合，针对当地某一特色项目或产品开展基于产品以及营销方案设计的现代销售服务
		公益与志愿服务：利用自己日常生活劳动、生产劳动，为学校、社区、社会开创具有创造性的服务项目。如特殊学校教学助理、农村社区教育宣讲员，等等

说明：此为中小学生劳动任务建议清单，各地各校可根据实际加以丰富拓展。

（二）建构综合主题类劳动教育课程体系

1. 综合主题类课程的开发原则

在实践中，笔者总结了劳动教育主题项目课程开发的八大原则：因校制宜，一校一品；因时制宜，系统建构；因地制宜，独具特色；多段覆盖，梯级上升；统一主题，五育融合；校内校外，一体设计。

其中，因校制宜，一校一品原则，即是在劳动教育主题项目课程建设中，要与参与基地活动的学校充分沟通，开发与学校综合实践活动主题深度融合的课程，是学校综合实践活动主题课程的延展和课程深度挖掘。如某学校中医药文化探究过程中，开设了多个"穴位按摩吧"课程。考虑穴位按摩仅仅只是单纯的技能学习，课程内容过于单薄，在基地课程完善过程中，建议学校围绕以"中医药文化探究"为主题，进行课程体系建构。从湖南道地药材的种植、中医药的炮制、常见药材在生活中的应用、中医按摩等方面挖掘课程内容，构建富有层次性的课程体系。在实施过程中，植入中医药文化知识，通过实验研究、劳动体验、创意设计、技术学习等丰富多彩的活动方式全面探究中医药文化。

以上八个原则，充分显示了基地课程开发的整合性、生成性、系统性、特色性、一体性特征。

【案例分享】

某学校研学课程"雅居独有竹"主题系统

年级	项目内容	活动方式	基本过程
一、二年级	取竹为乐——风筝蒙面制作与放飞风筝	策划设计——设计制作——放飞风筝体验——和父母一起放风筝	前置课程：风筝的类型 风筝发源地、风筝蒙面图案的类型与设计
			基地课程：设计描绘风筝蒙面图案——糊制风筝——放飞风筝
			拓展课程：1. 风筝的装配放飞 2. 竹子玩具、乐器的设计制作

（续表）

年级	项目内容	活动方式	基本过程
三、四年级	取竹为食—制作竹筒饭、春笋沙拉	礼仪培训—文化植入—劳动体验—设计制作—社会服务	前置课程：1. 食育文化及竹筒制作相关知识介绍；2. 礼仪培训；3. 竹筒及竹筒饭制作过程介绍—包装设计相关知识；4. 确定感恩对象
			基地课程：选择竹筒—制作竹筒饭—设计制作包装—写感恩词
			拓展课程：笋与食育文化研究
五、六年级	1. 种植之技 2. 竹子美食：竹笋饼制作	礼仪学习—文化植入—科学探究—劳动体验—设计制作—应用写作—社会服务	前置课程：1. 竹文化及竹子类型介绍，2. 礼仪培训；3. 确定感恩对象
			1. 竹子种植：配制土壤—盆栽竹子—写感恩词 2. 竹笋饼制作：制备笋干—制作竹笋饼—设计包装—感恩词写作
			拓展课程：竹子的类型与种植研究
七、八年级	以竹明史 竹简探秘	礼仪学习—文化植入—艺术创造—设计制作—应用写作—社会服务	前置课程：1. 竹简历史及相关知识；2. 礼仪培训；3. 确定感恩对象
			基地课程：制作竹简—制作包装—写感恩词
			拓展课程：竹与文化现象研究
高中	以竹为药 竹荪、竹沥功效探究	礼仪学习—野外观察—文化植入—科学实验—设计制作—应用写作—社会服务	前置课程：1. 礼仪培训；2. 包装设计相关知识；3. 确定感恩对象 采集竹荪—熬制橘皮竹荪汤—写感恩词
			拓展课程：竹子的药理研究

（案例提供：湖南省长沙市雨花区大桥小学）

2. 综合主题类课程开发要点

（1）突破纯技术倾向。

劳动教育主题项目课程的开发，突破纯技术倾向，在技能学习的过程中，不能单纯地学习技术，而是将技术、探究、生活、创意等方面密切联系；以茶文化探究为例，我们可以围绕"茶之韵"这个核心主题，对茶的认知、技术以及茶的用途、文化等方面进行多方面研究。

【案例分享】

"茶文化探究"基地课程表

主题/项目	主要活动
学茶礼，知茶学	体验、学习茶的礼仪
认茶叶，品茶味	1. 学习茶叶的知识，简单了解每个类别茶叶的基本特点；2. 结合实物，认识六大类茶的代表品种；3. 学会初步品茶，通过观茶形、观茶色、闻茶香、品茶味来区分不同品种的茶
识茶器，学茶艺	初步认识茶叶冲泡的各类茶器
识茶器，学茶艺	任选某类茶，掌握其冲泡方法
布茶席，设茶境	在分组设计的基础上，茶叶基地场外寻找布置茶席的植物或其他材料
布茶席，设茶境	布置茶席：茶席、插花、茶具、音乐等综合设计
展茶博，传茶饮	分组设计茶博会方案并布置一个茶博会现场
综茶意，演茶韵	选择一个茶文化情景设计剧本
综茶意，演茶韵	剧情表演
探茶秘，研茶学	茶多酚测定实验

（案例提供：中国民族贸易促进会—乡—品产教融合示范基地博庠文化园）

（2）契合劳动课程文化。

劳动教育课程设计要与学校文化建设契合，与学校教育哲学、课程特色、已有资源融为一体。笔者在帮助学校梳理学校劳动教育课程框架、形成具有特色的主题体系过程中，探索一套工作机制：第一步，倾听学校课程开发介绍；第二步，从学校介绍过程中提炼劳动课程特色主题；第三步，将劳动教育特色主题与学校育人理念建立联系点；第四步：设计富有层次的，基于整合的劳动教育课程内容体系；第四步，研制劳动教育实施与评价方案，其中包括以劳动教育展示性评价为主的学校环境文化设计；第五步，开展劳动教育实施；最后，总结学校典型案例，建模全市分享。在该流程实施过程中，笔者惊喜地发现，在帮助学校梳理特色课程、设计整体课程框架过程中，学校育人目标进一步清晰，学校劳动课程文化随之建构起来。在枫树山中航城小学调研时，了解到学校紧邻省植物园，建议学校借助这一得天独厚的地理优势，利用植物园丰富的课程资源，结合学校打造"诗雅"校园的理念，提炼出了核心元素——竹。围绕这一核心元素，学校将植物园的场景植入到环境文化建设中来，进行全方位的场景打造。在场景打造的同时植入课程理念与需求，比如：高大的毛竹可以用于爬竹子的体育课程，栽种青皮竹适合做跳竹竿舞的竹竿等。随后，建构了竹与现代科技、竹与传统文化、竹与建筑文化、竹与生活文化等多个模块组成的竹课程体系。

【案例分享】

本草春日养生法，藤茶百变有良方

藤茶，又叫茅岩青霜茶、青霜古藤茶、土家莓茶、龙须茶等，我国最早的《诗经总集》称之为古茶勾藤。它主要分布在两广、两湖、云贵、江西、福建等省区，生长在山坡混交林中，野生贮量大。其民间饮用历史可上溯到神农尝百草时期。它含大量黄酮类化合物，含氨基酸、维生素和人体必需的微量元素，具清热排毒、利喉消肿、抗菌消炎、辅助降"三高"等药效。可谓是一种保健性能很强的茶中奇葩。

　　今某小学将藤茶探究纳入学校特色课程文化主题"本草传生命绽放"课程体系中，可谓独具慧眼。为使学校研学与综合实践融为一体，博庠文化园基地特为其量身定做藤茶四季课程体系，本春季主题为："本草春日养生法，藤茶百变有良方"，其价值有三：1. 契合学校中医文化大主题，是基于学校主题框架下的项目深度系统开发；2. 结合中医五行学说中"春天属木，对应人体五脏之肝，故春气通肝"的理念，开发课程，帮助学生在生活中灵活运用传统中医药文化；3. 运用产教融合，基地与研究中医的相关机构、企业，共同设计，以藤茶为基本原料，辅以其他配方，设计项目；4. 课程体系化，可供小学一至六年级系统、序列开发，最终促进学校文化全面变革。现提供基地课程项目如下。

"本草春日养生法，藤茶百变有良方"基地活动

年级	活动项目	活动方式及过程	基本任务
一、二年级	藤茶与艺术设计 项目一　清热利肺藤茶饼 ——制作藤茶小饼 项目二　变废为宝藤茶画——利用藤茶渣、茶末作画后包装制作	文化植入—技能学习—劳动体验—创意设计—社会服务	前置课程：藤茶的特征及功效 基地课程：1. 藤茶清热小饼制作、藤茶茶画制作后包装制作 2. 清热利肺藤茶饼、藤茶茶画产品说明书撰写及包装创意设计 后拓课程：礼品送达活动策划及实施
三、四年级	藤茶与创意设计 项目一　平肝益血藤茶糕 ——制作藤茶糕 项目二　藤茶抑菌手工皂 ——藤茶手工皂制作	文化植入—技能学习—劳动体验—创意设计—社会服务	前置课程：藤茶的功效 基地课程：1. 藤茶护肝藤茶糕制作、香包制作 2. 藤茶润手工皂产品说明书撰写及包装创意设计 后拓课程：礼品送达活动策划及实施

（续表）

年级	活动项目	活动方式及过程	基本任务
五、六年级	项目一 藤茶曲奇——藤茶曲奇制作 项目二 藤茶抗菌药香纸——藤茶包装纸制作	文化植入—技能学习—实验探究—制作体验—财商学习—社会服务	前置课程：藤茶的功效及历史 基地课程： 1. 藤茶曲奇制作。 2. 藤茶抗菌药香纸制作、说明书撰写。 后拓课程：礼品送达活动策划及实施

（案例提供：湖南省长沙市雨花区大桥小学）

【案例分享】

欲知金秋钟何物，唯说园中有桂枝
——金秋养生有桂花

据文字记载，中国桂花树栽培历史达 2500 年以上。屈原的《九歌》有"援北斗兮酌桂浆，辛夷车兮结桂旗"。《吕氏春秋》中盛赞："物之美者，招摇之桂。"由此可见，自古以来，桂花深受人们喜爱。

早在 2000 多年前，中国就把桂树用于园林栽培了。古人认为桂为百药之长，桂花更是有养颜美容、散寒破结、化痰止咳的功效。千万年过去了，人们对桂花的盛赞不减，尤其近年来，湖南各地广植桂花，桂花以其深厚的历史底蕴、美好的寓意以及悠长的天香，成为丰富学校课程的重要资源。金秋时节，博庠文化园数百株桂花盛开，博庠文化园基地因时制宜、因地制宜，根据某小学的需求，开发桂花课程。在往年"拾桂品天香"的基础上，结合秋季养生的需求，开发"金秋养生有桂花"主题课程，传承优秀的中医文化。具体课程如下：

"欲知金秋钟何物，唯说园中有桂枝"基地活动表

年级	项目主题	活动方式	基本过程
开营仪式			
一、二年级	上午： 活动一 美味桂花布丁 下午： 活动二　主题桂花书签——过塑法制作桂花书签	文化植入 艺术设计 活动体验 社会服务	认知课程：桂花的功效、书签的画面设计。 体验课程：主题项目制作及包装设计。 拓展课程：礼品送达
三、四年级	上午： 活动一　生津桂花乌梅饼 下午： 活动二　环保植物名片——染香法制作桂花植物名片	文化植入 实验探究 技术实践 设计制作 社会服务	认知课程：桂花的功效、秋季养生理念。 体验课程：主题项目制作包装设计。 拓展课程：礼品送达
五、六年级	上午： 活动一　润喉桂花Q糖 下午： 天然礼品包装——染色法制作桂花礼品包装纸	文化植入 实验探究 技术实践 艺术设计 社会服务	认知活动：桂花的功效、染色纸的制作方法。 体验课程：主题项目制作包装设计。 拓展活动：礼品送达

（案例提供：中国民族贸易促进会—乡—品产教融合示范基地博庠文化园）

（3）建构完整的课程体系

综合项目类劳动教育课程建设，主要运用综合实践课程开发的理念，开发以劳动教育内容为核心的主题活动体系。主题活动体系的设计一是与学校文化建设相契合，与学校教育哲学、课程特色、各类资源融为一体。二是主题体现综合性，与学科课程、学校特色文化等深度融合，形成整合而系统的劳动教育课程内容体系。三是综合类主题实现综合育人功能，要求每个主题都有文化植入、融入科学探究、开展创意设计、进行技术学习、开展社会服务、联系生活应用。如，"可食用花卉研究"的主题活动中，将劳动教育与学科教育相结合，通过"资料归类""资料分析""需求评估""种植与制作"四部分，让学生经历可食用花卉的调查与分析、研究与种植、制作与展示全过程，探究可食用花卉的生长奥秘，开展实践活动，探寻绿色生态的意义，树立学生正确的劳动观，体会劳动的价值和意义，积累和拓展文化知识，珍惜劳动成果，促进学生全面发展、健康成长，具有重要意义。

劳动教育必须建构基于整合的有梯度、有层次的课程体系，通过学期之间、学年之间、学段之间活动内容的有机衔接与联系，构建科学合理的劳动教育主题活动内容序列。这种主题系列中的每个内容模块或主题，能整合综合育人目标、有高度整合的课程结构以及形成联动方可达成任务的课程实施过程设计。这样才能真正达成做好"并"字文章，达成五育并举的目标。以下表为例，笔者围绕日常生活劳动、生产劳动、服务劳动建构了完整的课程体系。下表是建构劳动教育课程体系的策略梳理。

建构劳动教育课程体系表

课程体系类型	具体策略
劳动教育与学科课程整合的主题体系	结合年级学科内容，建构课程体系。同学段，跨学科专题整合；同学科，跨学段专题整合；跨学科，跨学段整体整合
劳动教育与综合实践、研学一体化设计主题体系	结合课程资源类型，建构课程体系。1. 游美丽乡镇；2. 学工业智造；3. 承革命传统；4. 探特色农业；5. 赏湖湘文化；6. 览魅力古城；7. 寻伟人故里；8. 习非遗绝学；9. 探美好河山；10. 做科技创客；11. 研国际理解；12. 寻文明足迹

（续表）

课程体系类型	具体策略
劳动教育主题融合的主题体系	结合劳动教育六大类型建构主题体系。1. 日常生活劳动实践活动；2. 农林劳动实践；3. 工艺技术实践；4. 工业制造实践；5. 创新劳动实践；6. 职业体验实践
劳动教育劳动周专题教育	结合学校资源特色主题开发，建构体系（因地制宜、因时制宜、因校制宜）。如：以红色文化为核心领域的主题序列建构；以民俗与食育文化为核心领域的主题序列建构、以中医药文化的主题序列建构（优秀传统文化）、以社会主义新文化为主题建构主题系列等

仍以宁乡五里堆中学选用长主题为"指尖上的面点艺术"包点制作课程为例说明，分为探包之源、研包之技、食包之味、创包之型四个模块，根据低、中、高三个学段的不同学情设计有层次、有梯度的课程。探包之源模块是引导学生深挖当地红色文化，激起学生对沙田文化的兴趣的前置课程。研包之技模块的主题是沙田包点生坯省面技术的探究。食包之味模块是对包点馅料探索研究的活动。创包之型模块是学校在花式包点和文化创意的探索。本课程体系涵盖了研学课程、劳动教育、智育课程、美育课程等，体现五育融合，注重引入综合实践的活动类型，有考察探究、设计制作、职业体验、社会服务等，通过家、校、基地、产业多方联动，运用多样的学习方式，让学生在开放、动态、主动的实践环境中健康快乐成长。

【案例分享】

"指尖上的面点艺术"综合实践活动课程整体规划

主题	模块	项目	主要活动方式	参与部门	学科融合	年级
指尖上的面点艺术	探包之源	当地传统节日面点文化调查研究	查找资料 科学探究 研学实践 人物访谈 文化体验 实地考察	学校 社会 企业	历史 语文	六年级
		沙田包子的发展历程、文化特色				
		包点的传统手工艺和现代工艺的对比研究				
		沙田红色文化研究				
	研包之技	初步了解做包子的方法	劳动体验 科学探究 技能学习 自然观察 实地考察	学校 社会 企业	化学 生物 物理	七、八年级
		研究和面、搭配馅料的方法				
		生胚醒发时间最优化研究				
		包点保鲜技术及食品安全探究				
	食包之味	探究不同口味包子的制作	科学探究 文化体验 社会服务 职业体验	学校 家庭 社会	化学 道法 语文 地理	七、八年级
		体会工匠精神，珍惜粮食				
		感恩父母、老师、社会				
	创包之型	花式包点制作（包点拼盘、美食分享会）	科学探究 艺术设计 文化体验 社会服务	学校 社会 企业 家庭	语文 数学 艺术 英语	九年级
		包点文化创意推广				

（案例提供：湖南省宁乡市五里堆中学 夏义锋）

3. 劳动教育与综合实践研学课程整合

2016 年，《教育部等 11 部门关于推进中小学生研学旅行的意见》颁布。明确规定各中小学要结合当地实际，把研学旅行纳入学校教育教学计划，与综合实践活动课程统筹考虑，促进研学实践和学校课程有机融合。2017 年教育部颁布的《中小学综合实践活动课程实施指导意见》明确综合实践活动课程有考察探究、社会服务、设计制作、职业体验四种主要活动方式。其中，在考察探究活动方式下又列举了野外考察、社会调查、研学旅行等活动形式。可见，研学旅行作为考察探究活动的形式之一，是综合实践活动课程的一种方式。

然而，目前全国各地研学实践与综合实践活动严重分离，社会上只知研学旅行，不知综合实践课程。研学实践课程执行如果由旅行社主导模式，不排除有部分公司为追求经济效益，无视研学课程规范要求，将研学变成组织成千上万学生倾巢而出的纯旅游，研学实践课程的教育功能丧失。研学课程实施的普遍现状："听看课程"，只看不做，"实践"的丧失；"游戏课程"，浅层活动，"问题"的缺位；"职业课程"，技能训练，"创意"的缺失；"单一课程"、学科拓展、"整合"的空虚；研学品质无法保障；研学实践活动相关制度保障迟滞，质量评价标准缺乏统一，社会、基地教师、认证主体不明确。

本着规范研学课程实施的目标，为探索形成中小学生广泛参与、活动品质持续提升、组织管理规范有序、基础条件保障有力、安全责任落实到位、文化氛围健康向上的研学课程发展体系，笔者开展了研学旅行课程实施体系建设的研究。

在开展研学旅行活动课程与劳动教育整合课程体系建设过程中，主要从研学旅行与劳动教育整合基地课程开发、线路课程开发、基于劳动教育为核心主题的研学旅行小学、初中、高中课程的系统建构、研学课程与学校综合实践活动课程一体化设计等方面进行课程内容设计综合考量。

（1）基地课程结构设计

基地课程有着紧密的结构，在进行基地学校研学课程设计时，首先要分析基地特色和课程资源，再结合学校综合实践主题进行设计，研学活动体现两个特征：一是与学校综合实践主题保持统一性，二是充分利用基地课程资源。劳动教育主题项目课程结构按照"领域—模块—主题—项目"的层次一步一步细化，并使其具有可操作性。

一般领域、模块层面的课程内容由基地和学校合作研发，而"主题、项目"层次的内容大多由指导教师与基地共同设计。

"领域"：劳动教育主题涉及的学生素质发展的基本领域，领域是由各种相关联的课程模块组成的。如：社会生活实践、农林劳动实践、工艺技术实践、科技创新实践、地方特色实践，这五个相关联的实践内容，代表五个基地课程领域。

"模块"：体现课程领域核心价值的不同模块。如："中医药文化探究"领域可下设多种课程模块：中医药种植、中医药炮制、中医药外治文化等课程模块。

"主题"与"项目"：由一系列的活动项目组成的活动课程，"项目"是对主题的具体化、小主题的设计。如："中医药种植"模块可开发的活动主题："不同中医药种植土壤改良"；蚯蚓参与的土壤改良……

以上课程结构的设计就是分领域、分模块、分主题和项目的分年段或年级的具体设置和教学安排。

【案例分享】

老种基地课程开发框架

课程体系的内容构建可以说是课程的核心，直接决定着基地的教育效果。在课程内容体系构建上，重点围绕农耕文化开展探究。本着协调和谐的三才观、趋时避害的农时观、辨土肥田的地力观、种养三宜（物宜、时宜、地宜）的物性观、变废为宝的循环观、抑欲尚俭的节用观，在农耕文化培育为理念的基础上，课程以老种资源为核心领域，构建老种文化、习惯养成、运动健身三个课程领域，设计"生活体验、技术实践、科学探究、文化引入"四大课程模块，每个模块下又按照年龄特点分别设置一个类别的课程项目及活动主题。采用"领域—模块—主题—项目"四级模式构建基地课程内容体系，同时结合领域、模块、项目课程目标。

一个领域—五个模块—每个模块下三主题，每个主题对应不同学段，每个主题 3～5 天左右的课程，可以拆分和选择。

一个领域：老种文化，五个模块、15 个主题、75 个项目。

老种基地课程开发框架

领域	模块	主题	适合年级
老种	一、老种文化探究	1. 参观老种博物馆	小学
		2. 老种分类与农时探究	初中
		3. 老种物性探究	高中
	二、老种种植体验	1. 老种种植技能	小学
		2. 探究老种套种	初中
		3. 不同因素对老种植物生长的影响研究	高中
	三、老种保护措施	1. 老种的科学采摘	小学
		2. 老种的科学收藏	初中
		3. 老种的科学培育	高中
	四、老种与生态环境	1. 老种种植土地改良	小学
		2. 老种园区水质改良实验探究	初中
		3. 老种与生态虫害治理	高中
	五、老种与食育文化	1. 老种蔬菜的蒸制	小学
		2. 传统菜品与文化内涵探究	初中
		3. 老种蔬菜的旅行（加工）系列课程	高中

（案例提供：姜颖林）

（2）精品线路课程开发

研学线路是指为了使研学者能够以最短的时间获得最大的研学效果，利用交通线串联若干研学点所形成的具有一定特色的合理线路走向。

根据不同的分类标准，可以将研学线路划分为多种不同的类型：按线路的距离，可分为短程研学线、中程研学线、远程研学线。按研学时间，可分为一日研学线、二日研学线、三日研学线和多日研学线。按研学地域范围的大小，可分为国外研学线、国内研学线、省内研学线和市内研学线。按研学线路的内容，可分为地质考察线、风俗民情线、城乡建设线（如美丽乡镇、工业智造、特色农业等）、古城古风线、生物考察线、非遗绝学线、名人史事线（如革命传统、伟人故里）等，还有两者或者多者的结合线路。

合理的线路规划是活动高效开展的保障，可以按以下几个步骤开展规划设计。

第一步：搜集信息，初选资源。

首先可将研学范围内的各研学资源纳入初选范围。包括自然人文景区、工业基地、农业基地、高等院校等。然后依据研学基本要求进行初选，标准是能够开展基本研学旅行，安全性有保障。包括资源特点、分布，交通、食宿、当地的风土人情、社会治安等符合研学要求。

第二步：串点成线，初定线路。

研学点的串联、组合是线路规划的核心。不同的研学点在美学价值、科学价值、历史文化价值和经济价值等方面各具特色，研学旅行的功能各异，最佳的研学旅行时间也不同，精品研学旅行线路的设计应充分考虑各研学点的功能特色、游览价值和适宜的研学时间，巧妙串联和组合，要依据研学主题和目标、自身身心特点合理安排研学点空间顺序、日期行程，以避免线路重复，节省路上时间，并最大限度地激发集体的探究欲望，提高研学旅行的整体效果。

第三步：实地考察，完善线路。

初步确定线路后，师生代表可以先行实地考察，以便发现问题及时修正。包括活动内容和方式的完善，如果有必要，也可以调整景点。

第四步：专题设计，统一主题。

结合线路特征，进行主题设计，可围绕红色革命传统、中国历史文化专题、特殊地区地理、生态，科技发展体验专题、科技创客（STEAM）体验、特色体育文化、传统民族文化、特色农业、安全教育专题、国际理解等进行主题设计。

在开展研学旅行活动课程内容开发与课程体系建设过程中，从研学旅行基地课程开发、研学旅行线路课程开发、基于核心主题的研学旅行小学、初中、高中课程的系统建构、研学课程与学校劳动教育课程一体化设计等方面进行课程内容研究。

【案例分享】

"赏地貌奇观 探矿石奥秘"主题精品线路课程组织与实施

近期，学校开展了一次以"赏地貌奇观 探矿石奥秘"的主题地质科普研学旅行活动，学生们在活动中开阔了视野、增长了见识，教师们在指导中丰富了经验、初步探索出一条研学旅行课程设计的宝贵路径。在此，我将从六个方面来谈一谈小学研学旅行课程设计中的教师指导策略。

一、明确具体化研学活动主题

我校本次的研学旅行主题就是学生的兴趣点萌发和学校的科普教育特色相融合的产物。4 月 22 日，小小地质迷们去全新开放的湖南省地质博物馆打卡，展厅里锦绣潇湘的美景和丰富的矿产资源让大家着迷。当天恰逢中国国际矿物宝石博览会的新闻发布会在地质博物馆举行，有关举办城市"矿晶之都—郴州"一系列介绍也吸引着大家眼球。"郴州有哪些特殊的地貌风景？""郴州为什么能被称作矿石晶体之都？"……孩子们纷纷有了探究郴州地质地貌资源的念头，而一直以来重视科普教育的学校，也正好借此良机带着孩子们开展一次地质科普研学活动的探索。"赏地貌奇观 探矿石奥秘"主题研学活动应运而生。

二、设计多维度研学活动目标

我校本次"赏地貌奇观 探矿石奥秘"主题研学活动就紧扣"价值体认、问题解决、责任担当和创意物化"四个方面思考育人目标。依次表述如下：

价值体认：以"赏地貌奇观 探矿石奥秘"为切入点，走进郴州特色研学点开展地质地貌研学，领略祖国壮丽山河的壮美，了解矿物资源的开发，培养学生的爱国主义情怀和环保理念的养成。问题解决：结合主题，学生发现并提出自己感兴趣的问题。能将问题转化为研究小课题，通过采访调查、实地考察、亲身体验等实践活动，提出自己的想法，形成对问题的初步解释。责任担当：在研学活动中养成自理能力、自立精神和热爱生活的态度。创意物化：学生学会运用信息技术，设计并制作有一定创意的数字作品，拓展推广研学线路的价值。思考设计或制作新产品，服务生活，创客在行动！

三、规划合理的研学旅行线路

（一）遴选研学好地点

研学主题与研学目标确定以后，学校就可以鼓励学生与教师一起，选配具有典型性且可行性的研学旅行基地。以"赏地貌奇观　探矿物奥秘"主题研学活动为例，因为学生设想和学校初步确定的研学大地点是郴州，众所周知，郴州是蕴藏金山银山、物华天宝的有色金属之乡，也是遍布绿水青山、宜居宜游的林邑之城。综合实践活动课上，教师又进一步指导学生讨论分析，遴选研学地点，在考虑接待能力的基础上慎重排除（学生们排除暂未布置完成，不能接待的会展中心），在比较同类型资源的基础上优中选优（相比柿竹园，学生们选择研学设施更成熟的宝山国家矿山公园）。最终我们确定了有色金属博物馆、万华岩、飞天山和宝山国家矿山公园为研学点。

（二）规划研学佳路线

典型性和可行性是研学旅行基地选择的重要影响因素。保证研学旅行的可行性还需依据活动时间长短、基地空间远近和集群状况、出行费用、安全保障综合考虑设计出最佳线路。综合考虑之下，学校才确定了学校→万华岩→飞天山→有色金属博物馆→宝山国家矿山公园→学校的研学线路。

四、敲定多元化研学活动任务

（一）确定研学小主题

教师又引导孩子们运用"一删除二归类三合并"的方法确定了三个研究小主题，并按自己的兴趣自由组成小组。

了解郴州主要岩石地貌的不同形态及形成原理（自然美小组）

探究郴州矿物资源的开发、利用和保护现状（环保行小组）

探究矿物资源在人类社会发展中的地位和作用（文化迷小组）

小组确立研究主题之后，教师继续引导学生系统地设计小组活动方案，选择合适的研究方法去寻求答案，也提醒学生预估探究中会遇到的困难，设想研究成果的呈现方式。整个开题报告过程由学生主导，教师在必要时提供指导。

（二）敲定研学趣活动

在此基础上，教师又指点孩子们增添了科学老师设计的实验小课堂和精心设计的趣味互动游戏，让活动方案更具科学性和趣味性；也针对孩子们活动表述上的问题，帮助他们将活动设计描述得更具体。

"赏地貌大观 探矿石奥秘"主题活动精品线路

万华岩景区	
研学目标	1. 探秘万华岩溶洞，欣赏形状各异的钟乳石群 2. 实地考察喀斯特地貌特点，了解其形成原因
研学活动	1. 穿越溶洞，寻找"水下晶锥" 2. 科学实验小课堂：模拟钟乳石形成
飞天山国家地质公园	
研学目标	1. 了解飞天山地理环境特点，能够描述其地貌特征 2. 通过对飞天山地貌的描述及岩石的采集、观察，推测丹霞地貌的形成原因
研学活动	1. 徒步登山、摄影留念 2. 科学实验小课堂：巧手还原"赤壁丹霞"
有色金属博物馆	
研学目标	1. 参观博物馆各展厅，了解有色金属形成及存在的基本形式 2. 调查郴州矿物资源的开发利用和保护现状
研学活动	1. 参观有色金属博物馆改：博物馆寻宝游戏 2. 访谈博物馆解说员或矿物文化专家
宝山国家矿山公园	
研学目标	1. 参观学习，了解古代采矿工艺和现代采矿工艺 2. 了解"矿山变景区"的绿色矿山建设的经验
研学活动	1. 井下探秘 2. 参观宝山博物馆，细听解说、观察记录。 3. 人物访谈改：访谈景区负责人或宣讲人

五、构建前置性研学校本课程

1. 课程有设计 用心编订研学手册

研学需要研学手册，研学手册是研学流程行前准备、研学过程、研学成果和研学评价整体连贯性的关键，所以我们的教师团队精心设计了研学手册，包括知识储备篇、行前准备篇、研学过程篇和研学评价篇四个部分，一步一步引领学生投入研学各环节。

2. 多学科融合 教师联动助力实践

各学科老师在研学活动开展前，根据研学主题，结合学科知识分别为孩子们上了一堂知识储备课，助力研学活动开展。语文老师带孩子们领略旅行的意义，推荐《自然探秘之旅》《岩石如此活泼》，数学老师教会"分房"问题和"时间管理"问题，信息老师教大家巧用手机 App 等，美术老师教孩子们手绘地图……科学老师在带孩子们温故"各种各样的岩石"这一单元的基础上，重点跟孩子们讲地貌知识、矿物和矿物晶体等方面的知识。

3. 安全排首位 细节安排无缝对接

安全重于泰山，大集体的外出研学，对于学校管理来说是巨大挑战，研学旅行中人身安全、财产安全、交通安全、运动风险、住宿餐饮，每一个环节都牵动着许多家庭，所以研学前，学校就和旅行社一起，针对研学各环节梳理了近百个风险点，制定了包括《食品安全应急预案》《交通安全应急预案》《住宿安全应急预案》《人身意外应急预案》《疏散演练活动预案》和《理赔预案》在内的六个安全预案，以求最大限度保证全体出行师生的生命安全。

4. "学"字贯穿 积石成山

教师已为学生设计了系统的行前任务，研学出发前，孩子们要根据提示在家为研学旅行做好充分的准备。

第一关 郴州地理早知道。首先，孩子们要对郴州的地理位置有一个大致的了解。当然，孩子们应该在行前了解目的地的天气，了解了旅行目的地的天气，为自己准备好衣物和行李。

第二关 我为自己理行装。我们都希望孩子能通过一次研学之旅，锻炼和培养孩子独立生活的能力。这一次孩子们要自己整理行装，要为自己的零花钱做一个合理的计划。

第三关 纪律守则心中晓。"没有规矩，不成方圆。"研学旅行也离不开纪律和守则。行前，学生要认真学习行为习惯、旅行安全、文明礼仪、小组合作纪律和优秀学员评价准则。

第四关 团队分工有力量。同学们已经按探究小主题分好小组了，接下来是小组分工、选举组长、制定口号，甚至画好队旗，锻炼团队协作能力、培养团队意识。

六、定位清晰的行中教师角色

（一）研学教师是知识的传授者，更是研学活动的组织者

在研学旅行中，教师给学生讲解知识的角色形象应逐渐淡化。此时，教师需要作出角色转变，做好课程设计，以适应在旅行过程中的特殊课堂。例如我们活动中有一站是宝山国家矿山公园。活动之前，学生们就提前广泛查阅宝山国家矿山公园的相关资料，围绕"矿物资源的开发、利用和保护现状"这一方面，讨论出合适的采访问题。小组成员提前写好访谈提纲，并请我提出意见，修改提纲。另外，小组成员也提前学习访谈礼仪、准备访谈工具，并进行了模拟访谈。我帮孩子们联系了景区负责人姚敏阿姨，在孩子们访谈姚阿姨的过程中，我惊喜地发现我们的环保行小队已经成为一个成熟的探究共同体，他们分工明确，有同学负责提问、有同学负责记录、有同学负责摄影摄像，整个访谈顺利进行，了解了宝山从一个环境恶劣的矿企变成AAAA级景区和科普基地的宝贵经验。他们也受到了景区负责人的称赞！

另外，我们在全世界独一无二的博物馆——有色金属博物馆的课程设计广受学生欢迎。以往，如何让这一大群孩子在博物馆中有序参观、防止走马观花，达到"观有所获"，就是老师们最头疼的事了。研学之前，我们老师"挖空心思"设计的趣味博物馆寻宝游戏：老师们事先了解好展厅和重要展品，然后根据研学的主题，在六个展厅的重点景点和两处体验项目处设置问题任务卡。然后展开分小组活动，在规定的时间内，要求完成以下任务：①找到目标任务卡，小组拍照合影；②了解目标任务卡，通过多种方式自主寻找答案；③绘制个性化的寻宝图（重点展品参观路线图）；④选择感受最深的目标任务卡，记下内心的感受。活动期间，学生们兴趣高涨，不断与同伴、工作人员和教师交流、查阅资料、探讨问题、确定地点，才能完成寻访性任务。有色金属博物馆在孩子们的自主探索中揭开面纱：银展厅、铋展厅、钨展厅告知着孩子们有色金属的奥秘，5D影院以"声""光""电""影"全面展现世界有色金属的种类特性及冶炼工艺。孩子们通过地心隧道展区，了解矿物晶体和矿物的应用。孩子们穿梭其中，纷纷用相机拍摄下宝贵的瞬间，及时记录笔记。

（二）研学教师是学习的评价者，更是研学智慧的启迪者

本质上，研学旅行是课程教学行为。教师可以从传统课堂中讲授者的形

象中剥离出来，而是更多地关心学生的学习状态和认知发展。以万华岩基地为例，首先映入眼帘的是一个高阔的洞穴入口以及陡峭的崖壁，清澈的河水从洞内缓缓流出。有学生大胆地猜测："你们看，这里有地下河，万华岩溶洞的形成肯定与地下水的冲刷脱不开关系。"我们老师都赞许地点点头，鼓励大家像他一样认真观察、积极思考。进入溶洞内后，众多形状各异的钟乳石展现在同学们的眼前，有拔地而起的石笋，有上下连接在一起形成的石柱，更有在岩壁上直接长成的石花和令世界震惊的"水下晶锥"。同学们一边细致地观察钟乳石的纹理，一边及时拍照记录。学生提出疑问："为什么钟乳石是奇形怪状的？"同学们将目光投向了科学老师，科学老师笑着向孩子们揭示钟乳石的原理，但因为六年级学生对于抽象的解释依旧云里雾里。我提醒孩子们在研学科学老师为什么要加入科学实验，同学们恍然大悟！回到室内科学老师就带着孩子们用准备的材料做了小实验，模仿钟乳石的形成。

七、交流个性化研学旅行成果

回到学校，同学们分小组整理探究材料，撰写研学报告。一周后，班级开展了汇报展示交流会。除了每个小组分享探究报告之外，有的同学展示了"美篇"自然风光作品集，有同学展示了手绘研学地图，有同学PPT介绍"美丽的矿物晶体"……其中最让我们惊喜的是自然组同学制作的"探究岩石变化原因"的微课，和张荣景同学看到研学路途中其他车辆发生的车轮滚落的意外事故，发明了汽车车轮松动报警器。

交流：在研学总结交流会上，同学们一下子打开了话匣子，有同学难忘旅途中的美丽风景和同学情谊；有同学意识到矿产资源不可再生，提出我们要保护环境；有同学深深迷上了地质考察，期待进入初中的地理课程。

（案例提供：湖南省长沙市天心区桂花坪小学　杨亲云）

4. 挖掘学校课程文化特色

劳动教育课程内容开发需要教师根据学生的需要、根据学校周边社区环境特点，开发课程内容，做到因地制宜、一校一品。

【案例分享】

"泡"出美味与健康

梅怡岭小学是一所农村小学，借助 2015 年改扩建的机会，学校创怡人环境，建劳动基地，开始了综合实践课程研究之路。学校推广的是姜平教授的国家级教学成果劳动教育整合实施模式。学校先后完善了菜园、梅园、怡园、果园、肥园、美食工坊、创意阳台等 2000 多平方米的校内劳动基地，开展了蔬菜种植、花卉苗木栽培、土壤改良、美食制作等项目的研究。

"泡"出美味与健康是我校综合实践活动与劳动教育相结合的一个典型案例。这个案例以学生的实际生活为基础，重视对学生主体性的考虑，围绕泡菜制作我们构建了五大板块、七大主题、二十五个项目呈螺旋形上升的课程体系。

在构建课程体系时，我们充分考虑到了学生的年龄特点，针对不同阶段的学生设计不同的层次课程，让综合实践活动符合学生的成长需要和喜好，保证学生的持续发展。

在这个案例中，对于三、四年级的学生，实践活动的形式以资料的收集、实地考察、调查采访等为主，让学生初步接触实际生活，建立生活与学习的联系，兴趣得到发展。对于五、六年级的学生，活动形式变成了职业体验、设计制作等，让学生进行应用创造，提升自身的内在品质。

"泡"出美味与健康课程体系

板块	主题	项目	形式	学段
识泡菜之性	探究泡菜历史	泡菜文化有历史——资料收集，绘制泡菜的发展历史小报	资料收集、调查采访	三年级
		泡菜种类有比较——资料收集，制作中外泡菜对比表	资料收集	
		泡菜材料有区别——实地考察，自编泡菜材料选择窍门	资料收集、实地考察	
		泡菜工艺有讲究——采访工艺人，完成泡菜工艺的采访	资料收集、实地考察	
		泡菜市场有潜力——调查市场，撰写泡菜现状的分析报告	调查采访	

（续表）

板块	主题	项目	形式	学段
制泡菜之道	学做本地泡菜	创意设计我能行——创意设计一道常见泡菜	设计制作	三、四年级
		材料选择我知道——根据设计正确选择主料、配料及泡坛	科学探究	
		动手制作我可以——熟悉流程，规范操作，注重饮食安全	科学探究	
		交流展示我最棒——展示成果，分享过程，交流心得	展评交流	
	学做其他泡菜	学做四川泡菜（项目参照"学做本地泡菜"）	设计制作、基地研学	四、五年级
		学做日韩泡菜（项目参照"学做本地泡菜"）	设计制作	
研泡菜之艺	优选泡菜材料	泡菜主料求改良——改进主料种植方式、进行土地改良	科学探究	三～六年级
		泡菜配料求优化——中药或药食同源植物，增强保健功能	设计制作	
		泡菜坛子求选择——了解"泡坛的进阶之路"，鉴别泡坛品质	调查采访	
	研究泡菜工艺	传统工艺需知晓——自然发酵法	科学探究	五、六年级
		改良工艺需研究——纯种发酵法	实地考察	
		现代工艺需创新——其他发酵法	科学探究	
创泡菜之名	创建泡菜品牌	包装设计显理念——创设泡菜品牌，彰显校园文化	设计制作	六年级
		销售推广显技巧——正确食用泡菜，享受健康生活	职业体验	
		泡菜品种显多元——丰富泡菜口味，万物皆可做泡菜	设计制作	
		走进社区显情怀——私人定制泡菜，感恩一路有您	社会服务	

（续表）

板块	主题	项目	形式	学段
品泡菜之美	策划泡菜文化节	知文化——泡菜知识擂台赛	活动策划	六年级
		品健康——泡菜品种创新	职业体验	
		拼技能——泡菜技能大 PK	活动策划	
		宣价值——泡菜研究设计展（海报、宣传片、手抄报等）	设计制作	

（案例提供：湖南省长沙市雨花区梅怡岭小学　周应文）

该模式基于一个主题，从不同角度挖掘课程内涵与层次。下面是桂花坪小学"走近桂花　四季芬芳"主题框架，提炼了品桂之性、养桂之法、制桂之方、食桂之味、寻桂之源五大课程模块。每个模块下的小主题，又经过多轮筛选以及可行性的论证，设计了 17 个小主题，每个小主题都涵纳与之相关的项目。

"走近桂花　四季芬芳"主题课程体系

模块	小主题	项目
品桂之性	关于桂花种子的探究	桂花种子知多少
		种子形态有比较
		桂花种子巧保存
		趣味种子粘贴画
		种下一颗小种子
	关于常见桂花品种的形态的调查分析	桂花品种知多少
		品种形态我记录
		桂树标本永留存
		桂花古树我探寻
		桂花摄影作品展
	关于校园里桂花年生长变化规律的探究	桂花生长有规律
		生长细节勤观察
		访问行家有收获
		探究报告撰写好
		科普宣传亮点多

（续表）

模块	小主题	项目
制桂之方	关于桂花元素与剪纸艺术融合的探究	剪纸艺术初体验
		剪纸大师传技艺
		桂花元素巧融合
		指间灵动桂花香
		艺术剪纸作品展
	关于桂叶插花艺术的探究与实践	插花艺术初体验
		花艺大师传技艺
		插花设计巧构思
		百变造型桂花香
		插花作品美校园
	自制古法桂花草纸的探究与实践	古法造纸初体验
		花草入纸有方法
		桂花入纸芬芳留
		草纸制作桂花灯
		桂花灯笼挂桂枝
	自制桂花工艺品的探究与实践	走进桂花工艺品
		自制桂花工艺品
		产品推广有方法
		桂花艺品展销会
	自制桂花纯露的探究与实践	植物纯露初了解
		桂花纯露我提取
		纯露包装共设计
		爱心纯露赠他人
养桂之法	桂花盆景养护管理的探究与实践	桂花盆景初了解
		盆景养护寻技巧
		桂花盆景重修剪
		盆景养护有方法
		桂花盆景造桂景
	校园桂花树的养护实践	桂树养护寻技巧
		桂树养护靠大家
		病虫防治深探究
		养护心得交流会
	关于学校桂花树生长情况调查	校园桂树我调查
		影响因素深探究
		桂树索引有地图
		设计桂树名片卡

（续表）

模块	小主题	项目
食桂之味	关于桂花的采收、保鲜及存储的探究与实践	桂花采集初了解
		桂花采收应适时
		保鲜以及初加工
		采花时节不伤桂
	关于桂花入茶的探究与实践	工艺繁复桂花茶
		茶艺茶道初体验
		动手自制桂花茶
		桂花入茶品香会
	自制桂花美食的探究与实践	桂花入菜有传统
		桂花食谱趣设计
		桂花美食我制作
		桂花美食分享会
寻桂之源	桂花诗词集汇编实践	桂花诗词意向美
		自主汇编诗文册
		桂花诗集呦呦诵
		经典诵读桂芬芳
	有关校园桂文化的设计	校园桂花元素多
		百问百答解桂谜
		设计校园吉祥物
		我给学校提建议
	关于桂花坪地名由来的调查	此地美称桂花坪
		小脚丈量桂花坪
		美名由来纸上书
		桂花坪史大家晓

专题三
综合主题类劳动教育联动实施模式

新时代劳动教育的实施，要落实三全育人的理念，以课程为载体，建构家、校、社联动育人常态机制。这也是党的十九届五中全会提出的建设高质量教育体系的重要目标，我们要在实践中，通过主题项目、劳动周的组织，建构多类联动育人模式。

一、基本模型与要点描述

笔者在实践中，结合劳动教育课程目标及特征，根据劳动教育五育融合的内容体系，借鉴综合实践活动实施模式，建构了多类新时期劳动教育实施模式。主要有：学校基地互动模式、四方联动模式、产教融合模式、学校常规管理模式、学校社区互动模式等。

新时期劳动教育实施模式

模式类型	模式分类	要点描述
劳动教育 多方联动育人模式	1. 学校社区互动模式	社会服务与劳动教育整合
	2. 学校基地互动模式	探究设计与劳动教育整合
	3. 新产教融合模式	企业资源与劳动教育整合
	4. 四方联动育人模式	学校、家庭、基地、社会资源整合

二、明确实施要求，制定模型实施新细则

为明确每类实施模式的应用，分类制定模型实施细则要求。该细则明确每个阶段课程实施主题、要求等细节。以学校基地学校模式中"主题某环节双向互动模式"对学校研学提出具体要求为例：（1）规划科学：学校对

学生研学活动组织有宏观规划，每年经历不同的研究主题与不同的活动类型与方式。（2）主题统一：每次学校组织的研学活动必须运用综合实践活动的方式开展主题探究活动，学生外出活动必须统一在一个主题下的深度研究。（3）深度研究：体现学生深度研究的过程，如围绕某一核心主题开展的科学实验探究、自然观察研究、社会考察研究、设计制作、职业体验、专题教育等内容必须符合综合实践活动方式规范，过程完整，研究有深度。坚决避免听讲课程、走看课程、游戏课程、纯技能课程。（4）课程融合：要有整体的方案，包括各年级（班级）主题、前置课程、研学课程、后拓课程的设计，体现与学校课程与综合实践活动课程有机融合。（5）组织有序：不允许大批量整所学校倾巢而出的形式，采取班级或年级分批外出的方式。如，四方联动育人模式的工作细则如下。

四方联动育人模式的工作细则

实施模式	工作细则
家校社多方联动育人模式	1. 全市围绕"感恩—路有您"大主题开展系列感恩活动
	2. 明确活动各参与主体的责任。学校：重构育人模式，整合多方资源，形成多方教育资源良性互动，让优质资源进入学生成长过程；家庭：让家长把握实践育人价值，认识盲目补课的危害，积极参与体验活动之中，懂得孩子的兴趣爱好，陪伴孩子成长，建立良好的亲子关系；基地：让优质资源课程化，在与学校互动过程中，提升优质资源的教育与课程功能，结合学校课程与育人目标，课程学生满足个性化需求；政府及社会机构：参与教育活动，形成互动机制，形成三全育人环境
	3. 感恩活动中，感恩对象的确立，感恩礼品的制作与设计，感恩礼品的送达等活动，植入深刻教育内涵与学校课程因素，将道德养成、文化植入、科学探究、设计制作、艺术创造、礼仪规范等教育内容深度融入主题之中，变革教育方式，实现五育并举
	4. 规范主题实施流程。（1）学校课程：第一，通过调查访问与交流，确定感恩对象；第二，进行项目策划，确定制作礼品类型。（2）家庭课程：亲子交流，准备礼品制作材料，如利用废旧物品制作包装等。（3）基地课程（优质资源单位）：第一，结合学校前期的策划进行文化植入，明确价值意义；第二，结合项目植入实验研究、创意设计、劳动技能、艺术创造等课程因素，提升礼品品质。（4）社会机构，规范礼仪，接受送达礼品，建立学校联动机制

（续表）

实施模式	工作细则
家校社多方联动育人模式	5. 及时总结，每学年保底提交一个按照要求撰写的典型案例
	6. 进行广泛社会宣传。采取在线展示、会议交流、媒体报道、开通专门微信公众号或在官微开辟专栏等方式，及时报道

三、学校、基地互动劳动教育模式

前面介绍了劳动教育实施新模式中的五类模式，下面就其中三类模式进行具体介绍。第一类：学校、基地互动模式，确切而言，应为学校、基地互动劳动教育研学模式。

当前研学旅行成为全国中小学开展的一项重要实践活动，该活动属于综合实践活动课程领域，是综合实践考察探究类活动中的一种活动方式。为了改变当前研学现状，实现研学实践课程的价值，我们对研学与学校综合实践主题，结合劳动教育进行一体化设计，将研学实践活动进行规范引导，具体为在研学活动中渗透劳动教育，研学主题为劳动教育项目，劳动教育的部分课程通过研学活动实施。

（一）活动组织方式及要点

围绕学校、基地互动劳动教育研学模式，我们建构了下面三种模型。

学校、基地互动劳动教育研学模式

模式	类型	具体实施要点
学校—基地互动研学模式	方式一：主题某环节双向互动模式	学校—基地—学校；统一主题下单个主题基地一次互动，每个基地有侧重点
	方式二：主题精品线路联动模式	学校—基地1—基地2—学校；统一主题下的多基地互动，每个基地有侧重点
	方式三：长主题双向多轮互动	学校—基地第一次—基地第 N 次—学校；统一主题下的一个基地多轮互动

（二）活动组织步骤与要求

1. 活动组织步骤

学校研学课程规划具体步骤如下：第一步，梳理学校特色课程文化，建构特色课程体系，确立本校综合实践活动主题系列；第二步，学校进行基地考察，遴选基地与学校契合的课程资源；第三步，基地、学校共同设计课程、研制执行计划，包括前置课程、基地课程、后拓课程；第四步：学校执行前置课程；第五步，基地实施课程；第六步，学校后拓课程，继续深度研究。下面的案例，我们可见，一次普通的挖土劳动活动，通过综合育人理念的指导，将挖土活动，深化为土壤改良活动，在基地活动前后，学校有前置课程、后拓课程，这是典型的劳动教育项目学习方式。

2. 活动组织要求

劳动教育研学内容必须与学校综合实践活动主题一脉相承，研学活动必须有前置准备阶段课程、基地实施阶段课程、后期深化拓展阶段课程。（1）规划科学：学校对学生研学活动组织有宏观规划，每年经历不同的研究主题与不同的活动类型与方式。（2）主题统一：每次学校组织的研学活动必须运用综合实践活动的方式开展的主题探究活动，学生外出活动必须统一在一个主题下进行深度研究。（3）深度研究：体现学生深度研究的过程，如围绕某一核心主题开展的科学实验探究、自然观察研究、社会考察研究、设计制作、职业体验、专题教育等内容必须符合综合实践活动方式规范，过程完整，研究有深度。坚决避免听讲课程、走看课程、游戏课程、纯技能课程。（4）课程融合：要有整体的方案，包括各年级（班级）主题、前置课程、研学课程、后拓课程的设计，体现与学校课程与综合实践活动课程有机融合。（5）组织有序：不允许大批量整所学校倾巢而出的形式，采取班级或年级分批外出的方式。

【案例分享】

学校基地紧密合作　完善研学旅行课程

伴随着教育改革的不断推进，研学旅行在国家政策的鼓励和支持下，延续和发展了我国传统游学、"读万卷书，行万里路"的教育理念和人文精神，成为素质教育的新内容和新方式。博才白鹤小学将研学旅行与学校课程建设相结合，组织学生走出校园，开阔视野、丰富知识，加深与自然和文化的亲近感，增加对集体生活方式和社会公共道德的体验。

近两年时间里，白鹤学子研学旅行的足迹遍布市区和周边地市。如：湘阴渔窑小镇，望城铜官古镇、博库文化园，岳麓区农趣谷、莲花曼谷，浏阳大围山，宁乡湘都生态园，开福区湘绣非遗馆，长沙县邡原文化园等，每一次研学旅行都给予学生真实的阅历，帮助他们在思想、道德、身心、视野、认知等方面得到一定的提升与拓展。

那么，学校如何与基地紧密合作，确保研学活动的质量，促进研学课程的完善呢？我们主要通过以下方式达成：主题引领，物色研学基地；深度考察，确定研学基地；优势互补，完善研学课程。

一、主题引领　确定研学方案

研学旅行的主体是学生，因此，在研学活动开始前，学校通过综合实践活动课，组织同学们结合兴趣爱好、时事热点、资源条件、能力特长，分析、判断，选择合适的研学主题，并进行初步的规划——确定活动目标、活动方式，商定活动内容、活动步骤、活动分工，预计活动困难和解决办法。通过上网搜索、电话咨询、访问亲朋好友等方式，收集与研学主题相关的活动基地信息，进行初步的筛选，保留信息全面、距离适中、切合主题且经区教育局认可的 2~3 个基地作为考察点，制定考察活动方案（方案涉及考察时间、考察地点、考察人员、考察准备、考察内容），委托综合实践活动学科老师向学校提交申请，获得考察活动的人力、物力、财力支持。考察方案经学校审核通过后，即与基地取得联系，招募考察活动家长志愿者，筹集考察活动经费、交通工具，做好做足考察前的准备。

二、深度考察确定研学基地

师生作为研学活动的参与者、参谋、指导者，对基地进行深度考察的指标应全面细致，方法上既要有实地的观察、亲身体验，还需认真听取基地负责人的汇报，主要考量以下几个方面：

1. 自然环境：空气质量、特色呈现、氛围营造、安全系数。

2. 场馆设备：场馆容量与条件、设备数量与状态、使用禁忌。

3. 师资力量：资质、知识素养、组织能力。

4. 课程设计：门类丰富程度、生活性、趣味性、探究性、可操作性、积极意义。

5. 需求：学校能提供的协助与服务。

考察结束后，学校和选中的基地双方会对各个指标的考察情况进行分析，共同商定初步的改进方案，涉及学生意愿的课程，需待综合实践活动课上学生进行分析交流后作出进一步的修改计划，与基地达成一致意见。学校通过行政会议、年级组会议进行审议通过后，确定研学活动的对象（全校为单位、年级为单位、班级为单位），与旅行社对接保险购买、车辆安排、导游培训、教师培训等事宜。

三、优势互补　完善研学课程

学校课程设计、活动组织方面的优势与基地场馆、设备、专业人员方面的优势结合，学生就可以在具备了一定知识储备和活动经验的基础上进行体验，也能够以基地活动为新的起点，保持持续探究的热情，进行后续的拓展活动。我们相信，优势互补后的研学旅行才是有基础、有推进、有后续、有吸引力、可操作的。我们从前置课程、基地课程、后拓课程三个阶段切入，采取补充和设计两种模式实现研学课程的完善。

（一）补充模式

即学校向基地建言，补充前置课程和后拓课程。该模式主要针对课程比较成熟的基地，即学校在认真分析基地已有课程内容后，自行设计前置课程与后拓课程并予以落实。以学校开展的"神奇植物"探究课程为例，我们考察了洋湖湿地、岳麓山、岳麓农趣谷三个基地后，最终选择岳麓农趣谷作为校外活动的主阵地，因为该基地课程比较多元、有趣，提供了植物辨识、采摘、清洁、晾晒、烘干、制作标本、加工、种植、收割等活动项目，其丰富的植被、齐全的设备、专门的场地和场馆、专业的人员都是我们学生真实体验所需要的，可以确保活动有组织、有目的、安全地进行。但是，鉴于这些项目多为纯体验式的，缺乏研究的味道，学校通过前置课程和后拓课程进行补足。前置课程包括搜集资料以了解植物的种类、结构、用途、加工方法，制作植物图鉴、手抄报以巩固知识等项目，通过内容设计、方法指导以明确活动目的和任务要求，以及安全注意事项、活动纪律。后拓课程包括成果整理、总结交流、产品推广与义卖、科学实验等项目。基地就像是学校特殊的教室，能够提供给不同年龄阶段的学生专业、系统、序列化、可持续的探究活动平台，让学生在六年的时间里，就某些课题或项目进行连续的探究，确保学校课程在基地得到拓展与深化，为他们成长提供深度服务。

（二）设计模式

即学校与基地合作，共同设计完整的研学课程。与补充模式不同之处在于，整个研学课程是学校根据学生需求和课程建设需求设计的，基地负责布置场馆、购置设备、聘请导师、现场组织，相当于为学校量身定制研学课程。以博库文化园为例，学校考察该园后发现其地域开阔、有山有水、草木茂盛、农产品丰富，适合作为学校食育课程实践基地，于是设计了"美食的前世今生"探究课程交由基地落实。仅围绕红薯这种食材，我们设计了溯源、育苗栽苗、整地起垄、土地改良、栽插定苗、浇水培土、追肥搭棚、防虫防害、割藤挖薯、美食加工、交流评价、推广义卖等活动，从春到冬，四季皆有可供体验的平台。这是该课程中"土地改良"环节活动设计简案。

博才白鹤小学博库文化园土地改良探究活动设计

教师		学生
前置课程	安全教育	整理、归纳、熟知研学旅行安全注意事项（安全乘车，安全使用剪刀、炊具、农具，安全用火，安全游戏）活动纪律
	组织学生进行知识储备	收集资料：了解土地改良作用、方法、典型案例
		小组汇报：介绍收集资料的方法、过程，展示资料，互相补充，形成资料集
	组织学生进行小组建设	成果预设：预设土地改良后成果物化的形式（盆栽、围栏），做好相应计划与准备（自带剪刀、啤酒瓶、标识、鸡蛋壳、茶叶）
		小组建设：根据物化成果方案和兴趣爱好自然分组，每个班分三个组，约15人一组，完成常规分工
基地课程	学情摸底	"土地改良知多少"　知识大闯关
	组织考察、采样、检测	实地观察，采样，检测，形成检测报告，选择合适的土壤改良方法
	方案设计指导	根据检测报告和基地条件设计土地改良方案
	组织落实方案	根据方案，收集基地内可用的材料（红薯叶和皮、枯草和叶），结合自带的鸡蛋壳、茶业，制作有机肥

（续表）

教师		学生
基地课程	"分地到户"	各小组认领"实验地"，选择2/3地块进行土地改良，栽插红薯苗，安装围栏，设计后期看护计划
	物化成果指导	根据在学校制定的成果预设方案，将土地改良活动成果物化（实验记录、盆栽），插上标识，进行展示，大众评审进行投票
	环保教育	垃圾分类，入桶
后拓课程	指导远程监督	与基地保持联系，关注基地反馈的"实验地"作物生长情况，及时提出改良设想，委托基地实施或前往基地亲自打理"责任地"
	指导学生举一反三	制定详细的方案，根据基地活动的经验，尝试使用其他改良方法进行土地改良实验，通过盆栽植物检验土地改良的效果，并进行详细的实验记录，收集资料和成果，选择合适的方式进行展示

　　"土地改良"探究活动设计满足了学生"研中学　学中研"活动需求，丰富了学校"食育"课程内涵和外延，发挥了基地资源优势，推动了基地和学校课程特色形成，可谓是"双赢"。正因为学校融建设者、组织者、评价者身份于一体，以课程建设和实施的理念指导研学活动的设计与实施，才真正实现了课堂有效延伸，让学生将课堂上、书本中所学的静态课程转化为动态课程。

　　研学，是别样的课堂，是学生实现"学以致用"的有效手段，学校和教师同样需要认真"备课"。除了监督研学过程中的"每一公里"（基地课程），确保活动安全有序、高质高效，还要把控好出发的"最初一公里"（前置课程），做好知识储备、明确活动目标、强调研学纪律、落实责任分工，也要抓住结束后的"最后一公里"（后拓课程），组织全面总结与反思、汇报与交流、引导学生举一反三，开始新的深度研究。"纸上得来终觉浅，绝知此事要躬行"，经历是最好的学习，愿我们的努力能成就更多最美的相遇，让学生的每一场研学旅行都成为难忘的、丰收的、惬意的行走。

　　（案例提供：湖南省长沙市湘江新区博才白鹤小学　杨娟娟）

3. 活动保障机制

学校、基地互动劳动教育研学模式实施，需要规范化保障机制，建构规范的活动机制主要包括如下方面：第一，遴选、确立一批优质社会资源，建立研学基地。如，长沙市分批次评选了一百多家劳动社会实践基地。这些基地包括"红色革命传统"等五大类优质课程资源，可满足全市学生研学的基本需求。第二，运用综合实践活动内容开发经验，指导劳动社会实践基地课程开发，基地因地制宜、因时制宜，构建各具特色的基地课程体系。第三，规划研学精品线路课程，主要围绕一定的专题，设计研学精品线路，形成优质资源之间的联动。第四，建立基地、学校互动模式，将研学与综合实践主题结合、与劳动教育的目标结合，在研学过程中，基地、学校共同设计研学前置课程、研学课程、后拓课程，要求学校去基地的研学课程必须与学校综合实践活动主题一脉相承。第五，出台学校研学管理办法，保证研学规范实施。如，长教通〔2020〕79 号关于印发《长沙市中小学研学实践管理办法（试行）》的通知，对区县（市）学校研学管理规范提出了明确要求。

在建立保障机制的同时，开展基于规范化落实相关要求的调研评估活动，促使相关部门严格按照规范落实。

【案例分享】

长主题多项目　打造研学新样态

——岳麓区实验小学综合实践"学校—基地互动研学"模式实施案例

我校是综合实践活动成果推广应用"学校—基地互动研学"模式示范校。我们的主题是"长主题多项目　打造研学新样态"。目前，研学活动和综合实践活动严重剥离，研学停留在走看课程，游戏课程，或是简单的劳动技术课程上；很多学校研学活动已经广泛开展，但综合实践课程却没有普遍实施，基于这样的问题，我校的"学校—基地互动研学"这一模式立足于解决如下两个问题：一是促进研学课程和综合实践活动课程的深度融合。二是通过科学规范的研学方式促进学校综合实践活动常态化实施。

在成果持有人姜平教授的带领下，我们充分挖掘这一模式的教育内涵，拓展教育空间，优化研学环境，通过以下三个策略，构建新时代特色的研学新样态。

一、深耕共植，让课程"立"起来

课程是教育的设计图，我们是怎么让课程"立"起来的呢？

首先，重视研学课程的顶层设计。姜平教授提出：研学实践属于综合实践活动课程领域，二者不可分割，研学课程要突出"实践探究、问题意识、创意设计、互动整合"。在这样理念的引领下，我们学校在心本课程中，重构"领域—模块—主题—项目"贯通的学校－基地研学课程。学校和基地双方通过分析学校育人理念、发展需求、校本资源，结合专家指导，以"前置课程—基地实践课程—后拓课程"的实施，把研学实践与学校综合实践活动、劳动教育、社会服务活动、亲子共创活动进行深度融合，并搭建出科学的研学课程结构：在人与社会、人与自然的领域下，开设"花儿朵朵""果实累累""香味飘飘"三个模块，每一模块设不同活动或项目专题，各模块之间既相互独立，又反映内在的逻辑联系，学生"以问题为驱动"开展综合实践的主题学习，达成"友善、博雅、尚美、阳光、睿智"的育人目标。

其次，做好课程内容的科学构建。在"花儿朵朵"模块中，我们实施了有层次、有梯度、有衔接的三个主题。例如在"花饼知多少"这一主题中，一、二年级学生制作花饼，主要是学习人物访谈、实地考察、资料收集等几种方法。孩子们了解了春夏秋冬不同季节可以制作的鲜花饼后，因时制宜，选择在秋季制作桂花饼。通过孩子们的巧思和巧手，让这道江南地区的传统中式甜品，有了独特的味道。就这样，孩子们在实践中感受"食育"，获得关于"食"的知识和选择"食"的能力。

再次，确保课程的高效互动实施。项目主题选定后，项目组团队和基地密切对接，了解基地可提供的课程资源。我们邀请基地老师参与学校前置课程设计，共同研发了"3 大课型 +2 类活动"的课程实施模型。其中，三大课型包括了知识储备课、行前准备课和后续拓展课，两类活动是指实践体验活动以及礼品送达活动，共 14 课时。这些课程也是分时段有序列实施的，前置课程在学校完成，活动课程在基地进行，基地研学中生成的新问题，又带回学校开展后拓课程研究，如此循环往复，实现学校基地的多轮互动，达到深度学习的效果。同时，基地课程研发团队也充分了解学校师生的需求，根据学校课程特点制作研学手册，研发了学校专属的"花儿朵朵"体验项目。

在高效互动实施的过程中，我们走出了这样一条路径："走出去"对接基地资源；"迎进来"，将基地资源投入到课程开发中；"齐步走"学校基地共同实施课程、学生评价；"回头看"学校基地进行经验提炼和项目迭代升级。同时，我们也经历了这样的7个关键事件：从姜平教授、周泉教研员的专家团队进行项目引领，到试点先行、项目宣讲、课程研发等，正是这些关键事件贯穿课程研发设计、实施的全过程，让学校 - 基地的联系真正"建"了起来，让研学互动，有了统一的理念，指向了不同的任务，落实了实践的方法，和而不同，却美美与共。

二、联动协同，让学生"动"起来

如何让学生动起来？我将具体以二年级"花饼知多少"为例进行介绍。

前置课程"驱动"。我们围绕"鲜花、基地"等关键词，开设了百花齐放常识课，孩子们在老师的指导下搜集资料，了解鲜花的基础知识；有包装设计课，孩子们自主设计花饼包装礼盒；有花饼制作课，从理论层面掌握花饼制作方法与操作流程；还有行前准备课，我们策划活动细节，掌握研究方法，熟悉活动方式，进行出行策划、安全宣讲等。在活动策划课上，针对这一育人模式，老师和孩子们开展头脑风暴，探讨学校、基地所承担的不同任务。

基地实践课程"联动"。通过前期准备，结合课程特色，几经对比，同学们选择在长沙邬原研学基地开展实践活动。基地教官强调研学课程的纪律，明确了学习任务，基地导师全程精心指导，孩子们分小组开展提取纯露实验、制作可口的鲜花饼、创作美丽的"花染"作品。在制作中，孩子们既分工又合作，在实验中仔细观察，耐心记录，每一片饼干的出炉、每一滴纯露的汇聚都令孩子们雀跃不已。

后拓课程"趣动"。基地课程结束后，师生们对花儿的探寻热情达到了新高峰，纷纷探寻鲜花食品的制作工艺。学校里，可食用花卉培育种植的后拓课程也如期展开。孩子们来到"香乐园"，查找资料、实地考察，探讨可以种植的食用花卉。

在活动中，学校与基地共同探索建立学生研学实践过程性评价体系，设计出"综合实践活动五心评价表"。孩子们在经历了前置课程＋研学活动＋后拓课程的完整闭环后，填写好"研学手册"和"五心评价表"，制作成学生成长档案袋。这记录着孩子们发现和思想的火花，还有对后续课程学习的期待。

三、赋能增值，让成果"亮"起来

"花儿朵朵"研学课程，实现了课程与资源的双融合。首先，前置—基地—后拓三结合的形式深化探究，实现了研学课程和综合实践课程的深度融合。其次，实现了学校—基地课程资源的拓展融合。通过保持互动—多轮互动—深度互动的方式，规范了研学实践方式，激活了基地课程设计和实施能力，让基地优质资源进入到学生成长过程中，让基地变成"未来的学校"。这一模式也被兄弟学校借鉴使用，促进了研学规范实施，让成果有了更好推广。

在我们学校，通过这一模式的研究，让综合实践课程走向常态化，践行了实践育人、协同育人、课程育人理念，孩子们在多时空的体验与实践中，培养了科学品质，涵育了家国情怀，学习变得浪漫有趣，富有力量。

（案例提供：湖南省长沙市湘江新区岳麓实验小学　吴静）

四、劳动教育四方联动育人模式

劳动教育四方联动育人模式的设计，主要是将学校、家庭、社会、政府课程资源有效整合，并通过课程实施的方式，开展联动育人劳动教育。目标有如下几点：第一，学校重构育人模式，整合多方资源，形成多方教育资源良性互动，让优质资源进入学生成长过程；第二，家庭把握实践育人价值，认识盲目补课的危害，积极参与体验活动之中，懂得孩子的兴趣爱好，陪伴孩子成长，建立良好的亲子关系；第三，社会资源综合赋能，如场馆、基地等，让优质资源课程化，在与学校互动过程中，提升优质资源的教育与课程功能，结合学校课程与育人目标，课程满足学生个性化需求；第四，政府机构参与教育活动，形成互动机制，形成三全育人环境。

为了让学校直观了解多方联动育人模型，笔者在长沙市开展统一大主题为"感恩一路有您"综合主题，并在与中国民族贸易促进会一乡一品产教融合全国示范基地的共同策划下，在学校开展了系列活动。在该活动中，学校、家庭、基地、社会都有具体任务：学校课程包括调查访问，确定感恩对象；项目策划，确定制作礼品；家庭课程包括亲子交流，准备制作材料；基地课程包括文化植入——明确价值意义；实验研究——提升礼品品质；劳动体验——亲手制作礼品；创意设计——设计礼品包装；社会课程保活规范礼仪——礼品送达服务。

（一）定位活动目标

"感恩一路有您"的确立，基于如下几个方面的考量：第一，成才必须先立德，教育改革，首先应当从改变教育环境入手，让全社会树立正确的人才观，真正懂得如何引导孩子健康成长。让孩子从学会感恩开始，感恩家人、感恩师长、感恩社会，到感恩国家，培养孩子的感恩意识、责任意识、服务意识、爱国情怀，形成正确的社会主义核心价值观和良好的道德品质；第二，本主题是联系学校、家庭、社会、政府教育的纽带和载体，孩子感恩父母、感恩社会、感恩祖国的活动中，学校与家庭、社会、政府机构建立良性互动机制，形成多方联动，产生积极影响；第三，感恩活动中，感恩对象的确立，感恩礼品的制作与设计，感恩礼品的送达等等活动，可以巧妙植入深刻教育内涵与学校课程因素，将道德养成、文化植入、科学探究、设计制作、艺术创造、礼仪规范等教育内容深度融入主题之中，变革教育方式，实现五育并举。

（二）把握实施要点

要达成综合育人的教育目标，"感恩一路有您"主题开展必须富有课程的功能。本主题活动实施流程规范：1. 学校课程。第一，通过调查访问与交流，确定感恩对象；第二，进行项目策划，确定制作礼品类型。2. 家庭课程。亲子交流，准备礼品制作材料，如利用废旧物品制作包装等。3. 基地课程（优质资源单位）。第一，结合学校前期的策划进行文化植入，明确价值意义；第二，结合项目植入实验研究、创意设计、劳动技能、艺术创造等课程因素，提升礼品品质。4. 社会机构。规范礼仪，接受送达礼品，建立学校联动机制。

（三）深挖课程内涵

在"感恩一路有您"框架下，根据学生身心发展规律，构建课程内容体系，满足各个年龄阶段、各个层次人群的活动需求。每个项目都从"道德养成、生活体验、技术实践、艺术创造、科学探究、生活应用"不同角度挖掘教育内容。

以中国民族贸易促进会一乡一品产教融合全国示范基地博庠文化园与白鹤小学一起策划的春季"感恩一路有您"野菜课程为例，学生事先在学校学习关于红军长征的革命历史，了解当年红军长征路上物质极其匮乏，条件十分艰苦，甚至连基本的生存需求都不具备，为筹备粮食，朱德办野菜培训班、开野菜展览会的故事。随后在基地老师指导下辨识、采挖当年红军曾经吃过的野菜，开展主题为"重温红军餐，继承革命志"的系列活动。基地课程完成后，在家长带领下，将亲手制作的野菜饼摆放在革命烈士墓前，进行清明祭扫活动！孩子们通过了解红军长征革命史、辨识野菜、制作野菜饼、祭扫革命烈士等一系列活动后，在学习党史的同时，整合学习多方知识与技能，并带动家长参与其中，形成多方育人机制。

以中国民族贸易促进会一乡一品产教融合全国示范基地邙原文化园与麓山实验小学一起开展的"感恩一路有您"花主题课程为例，本主题包含"花卉有礼""花香有礼""花饼有礼"三个活动项目，送达的感恩对象分别是交警、消防、环卫、医护等行业的叔叔、阿姨。每一个项目，都以主题的方式，整合劳动教育、综合实践活动以及学科知识，并且都设计了前置课程、活动课程、拓展课程。如在"花香有礼"活动中，制作植物纯露的孩子们，事先在前置课程里，孩子们根据基地的课程设计，在学校老师的指导下，通过资料收集，对纯露以及提取方法进行初步了解，收集了桂花、艾叶、薄荷等芳香浓郁的花卉、植物，在家长的参与下，收集了制作礼品包装的材料，来到基地，基地教师边带领孩子开展提取纯露的实验，边介绍不同植物纯露的功能，家长们也和孩子一起，兴趣盎然地观摩并参与实验，从中了解到博大精深的中医药文化。提取纯露后，孩子们和家长一起在园区老师的启发下，关注包装美化的同时，还考虑利用对比实验，检测纯露包装的缓冲抗摔性能。礼品制成后，师生与家长们一起将亲子活动制作的纯露，送给可爱的环卫工人们！

【案例分享】

"花儿朵朵　感恩有您"项目设计与实施

一、科学构建课程

1. 确定活动主题和内容

通过对校本资源的细致调研，结合专家指导，我们初步拟定在"感恩一路有您"这一大主题下，开展"花儿朵朵　感恩有您"项目。结合春季特色，因时制宜、因地制宜，开展"花"主题系列活动。

2. 确定小主题和感恩对象

我们分年段构建了"花饼有礼""花染有礼"和"花香有礼"三个小主题。通过前期调查，孩子们确定了鲜花饼、花染手帕和花香纯露三种与鲜花有关的感恩礼物，并确立相关感恩对象。

3. 确定项目活动目标

提倡让师生、家长、老师亲历全过程，通过家校社协同来共同育人。

4. 确定项目框架

我们还分年级构建了有层次、有梯度和有衔接的内容主题序列。

一、二年级"感恩有您，花饼有礼"。低年级学生选取了制作花饼这个操作相对简单的主题活动，从以下9个环节展开：感恩对象我联系、花儿知识初了解、花饼制作初体验等，主要是学习人物访谈、实地考察、资料收集、设计制作等几种方法。

三、四年级选择的是"花染有礼"。区别于花饼制作，中年级学生能够更好地理解花染过程中的科学原理。同样也是经历9个环节，发展调查访问、活动策划、设计制作、劳动实践等几种能力，制作出花染手帕送给感恩对象。

"花香有礼"是五、六年级学生参与的主题。高年级学生具备了相关的操作能力。在这个过程中，重点突出文献查找、调查统计、实验制作、报告撰写的方法学习。

二、规范课程实施

我们研发了"3大课型+2类活动"的课程实施模型,三大课型包括了知识储备课、行前准备课和后续拓展课,两类活动是指基地研学体验活动以及礼品送达感恩活动,共14课时。

这些课程也是分时段有序列实施的。前置课程包含了知识储备课和行前准备课,分四周完成。知识储备课涵盖了综合实践、语文、科学等多个学科。行前准备课进行活动策划、方法指导等。这是研学活动和扩展课程的内容和分工安排。下面我们以二年级花饼有礼为例,从前置、家长、活动和社会等四个方面对课程进行介绍。

1. 前置课程实施

百花齐放常识课上,孩子们搜集资料,初步了解鲜花的基础知识;感恩礼仪课上,了解礼仪常识,撰写情意动人的感恩词;包装设计课上,孩子们自主设计花饼包装礼盒;花饼制作课上孩子们掌握花饼制作方法与操作流程;行前准备课上,孩子们策划活动细节,掌握研究方法,熟悉活动方式,进行出行策划、安全宣讲等。

2. 家长课程实施

项目组老师和家长一起参与课程开发和实施,设计了"感恩一路有您"家长课程,内含告家长书、课程宣传视频、学生前置课程汇报、调查问卷、家长课程任务单等,便于家长群体了解项目内容,明确可提供的资源等。

3. 活动课程实施

活动课程在邴原研学基地开展。老师、教官、家长和学生一起明确学习任务,在基地导师的带领下,分小组开展提取纯露实验、制作可口的鲜花饼、创作美丽的"花染"作品,家长也一同参与亲子互动。等待成品的间隙,孩子们拿出家长协助准备的各种材料,精心设计礼物外包装,创意满满!在制作中,孩子们既分工又合作,在实验中仔细观察,耐心记录,每一片饼干的出炉、每一滴纯露的汇聚都令孩子们雀跃不已。闭营仪式上,家长、老师一起对孩子们进行过程性和表现性评价。在基地研学中,培养了学生团队合作、考察探究、实验设计、沟通表达等多个维度的能力。

4. 社会课程实施

经过前期学校、家长、基地、社会机构多方联动,感恩活动开始啦!孩子们把鲜花饼干送给校园里可敬的老师、有爱的校医、辛勤的食堂阿姨、负责的保安叔叔、能干的维修师傅，感恩他们为学生的成长服务。社区里，孩子们把花染手帕送给忠于职守的警察叔叔、舍己为人的消防战士、救死扶伤的白衣天使。恰逢建党100周年这一举国欢庆时刻，我们邀请了老红军樊爷爷给孩子们讲述党史故事。孩子们怀着感恩之心，将他们亲手制作的礼品送给尊敬的樊爷爷。创意十足的花饼、纯露、花染作品，馨香沁人；手工制作的感恩卡片上，温馨质朴的感恩话语声声动人……

（案例提供：湖南省长沙市湘江新区岳麓区实验小学 王婧）

（四）规范实施流程

作为课程项目，开发实施流程有一定的规范：1. 基地优质资源的遴选与课程化设计；2. 分年段班级具体活动项目层次性策划；3. 学校、家长、基地、社会机构课程任务安排及指导规范等都细致考虑。

【案例分享】

"感恩一路有您"

我们学校"感恩一路有您"从系统构建、具体实施、实施思考三个方面展开。

一、系统构建

1. 学习文件精神

作为长沙市多方联动育人模式成果推广示范学校，我们一直在思考如何开展这项研究。学校领导层高度重视，吴静校长、曹艳副校长多次组织学校行政和骨干教师进行研讨，学习"综合实践活动课程建设、推进与实施"成果推广指南，充分领会文件精神，让老师们对多方联动育人模式有了清晰的认识。

2. 校本解读

充分学习了文件精神后，我们初步拟定了"感恩一路有您"综合实践活动研学主题，并具体开展"花儿朵朵"课程。经过姜平教授的专家引领培训、周泉老师的全程密切指导，我们试图厘清其中的关系，对多方联动育人模式进行区实小校本化解读："感恩一路有您"是多方联动育人模式下的主题之一，"花儿朵朵"课程是"感恩一路有您"主题下的子课程。我们有信息以后还会研发"果实累累"等多种拓展延续性子课程。

3. 实施方式"三部曲"

厘清研究主题后，我们设计了"三部曲"实施方式：试点—推广—深化，列出具体时间轴，这样我们的研发行进路线就清晰了。按照计划，这个学期进行小范围试点，在 1~6 年级中选择 16 个试点班级，进行基地研学和课型构建，带动一批骨干教师参与其中；下个学期再推广到其他班级，进行阶段性总结和展示，明年再进行深化拓展，每个阶段逐一突破，以此来逐步真正达到多方育人模式的落地和实效。

二、具体实施

进行了系统构建后，我们开始具体实施。3 月初学校正式启动"多方联动育人模式"的研讨，在接下来的一个多月的时间里，我们抓牢 8 类关键事件，分阶段有重点地推进活动的具体实施。

1. 关键事件 1——专家引领

我们邀请姜平教授、周泉老师来校进行现场指导。学校高度重视，精心筹备，学校领导及成果推广核心团队成员一起，深度学习了"综合实践活动多方联动模式"的课程构建及组织实施。姜老师倡导以问题解决为导向，开展深度实践。姜老师的讲解既有高屋建瓴的理论指导，又有深入浅出的案例分析。老师们都纷纷表示受益良多，也对接下来的活动实施更加有信心。

2. 关键事件 2——组建团队

经过慎重选择，我们组建了由学校主管教育教学的副校长领衔、教科室主任带队、综合实践名师指导、骨干教师、各学科教师（语文、美术、科学……）参加的研发团队，保证了"行政力量＋专业团队"双线并行。6 名老师组成了核心团队，进行年级联点，负责各年级资源包开发、活动和培训的组织，协同各学科教师，确保研发通畅性。

3. 关键事件 3——确定试点班级

接着，我们在全校 1~6 年级，每个年级选择了 2 个班级作为成果应用试点班，东校区 12 个班，西校区 4 个班，共计 16 个试点班。这些班级孩子们基础较好、班主任理念新、综合能力强，家长都非常支持。在此基础上，每个年级都配备好相应的联点行政人员，对活动随时进行联络反馈。

4. 关键事件4——宣讲会

项目进行中，仪式感非常重要。我们利用周五研训一小时时间，进行"感恩一路有您"综合实践研学活动的启动仪式，向全校老师进行课程宣讲，告知项目的重大意义——这不仅是国家级成果的推广应用，也是我们学校心本课程着力打造的重点项目。同时告知团队成员组成和项目推进计划。这样让老师们都熟知这个项目，提升团队成员的价值感，也能够招募到更多有志于加入研发团队的小伙伴。有利于项目的推进。

同时，我们也请试点班级班主任告知家长和孩子活动信息，让孩子充满期待，让家长了解综合实践活动课程价值，积极参与其中。

5. 关键事件5——集体备课

我们进行专家引领下的教研——姜平教授指导、周泉老师全程参加。定人定点定时间，核心团队成员随时线上进行研讨，同时在校内教研时间"周五研训一小时"里，进行常态化教研。我们确定了三个研学小主题：一、二年级"感恩有您，花饼有礼"；三、四年级"感恩有您，花染有礼"；五、六年级"感恩有您，花香有礼"。

6. 关键事件6——课程构建

我们探究了"3大课型+2类活动"的研学主题课程小模型。三大课型包括了知识储备课、行前准备课、后续拓展课；两类活动是基地研学体验活动及礼品送达活动。笔者是二年级课程实施的核心成员，下面以二年级活动的具体实施过程为例进行解说。

具体来说，知识储备课分为百花齐放常识课、制作课、礼品包装设计课、感恩礼仪常识课4个课时，给学生提供强大的知识储备。

百花齐放常识课从花开时节、花之城市、花语花意、花与美食等四个方面对鲜花进行介绍，让学生初步了解鲜花的基础知识。

花饼制作课是由科学老师和孩子们一起了解哪些花适合制作花饼、需要哪些材料和工具、掌握具体的制作方法。

礼品包装课上，孩子们进行色彩表达、图案设计、文字排列等美学知识的学习，发挥创意，自主设计花饼的包装礼盒。

感恩礼仪常识课上，进行礼仪介绍、感恩词撰写。为"感恩有您，花饼有礼"活动储备礼仪常识。

作为综合实践老师，我负责行前准备课和后续拓展课。行前准备课主要是进行知识储备的简单复习、出行策划等。针对多方联动育人模式，我们和孩子们开展头脑风暴，探讨学校、家长、社会、基地四方所承担的不同任务，努力提升学生资源整合的意识，也提升教师对于教育合力形成的理念与实操。

后续拓展课分为汇报交流课及拓展课。汇报交流课上，我们进行研学回顾、作品展示、分组汇报等；拓展课上，我们提出了种植"花"、保护"花"、销售"花"的拓展思路。

两类活动是指基地研学体验活动以及礼品送达感恩活动。我们与基地联系人多次沟通，探讨研学手册制作、研学现场事宜、方案具体修改等。充分的沟通让我们的行前准备更加充分。我们目前正在做的准备是进行媒体资源和感恩对象的确定。

7. 关键事件7——课型资料汇总

二年级团队研发出教案课件和相关评价表格等。

8. 关键事件8——课型实施反馈

考虑到二年级孩子的能力，我们采取了制作标签，然后贴到包装盒上的方法这是主题分解课上，孩子绘制的思维导图。

三、实施体悟

1. 深度融合。我们的研学实践活动要和学校综合实践活动主题相统一。我们以"感恩一路有您"之"花儿朵朵"这一研学长主题为抓手，尝试建立学校、家庭、基地、社会互动机制，把研学实践与学校综合实践活动、劳动实践活动、社会服务活动、亲子活动进行深度融合。

2. 充分对接。要和研学基地充分对接，贯穿研学的全过程，让课程思维达成统一。

3. 二次构建。学校要因地制宜、因时制宜，结合学校特色进行二次构建和校本化开发。我们分年级开发了在"感恩一路有您"综合实践主题统一下的学校"研学实践活动+亲子活动+社会服务活动"的典型案例。

4. 评价。与家长、基地共同建立学生研学实践、社会实践活动过程性评价体系的过程中，我们结合学校的心本课程，把"五心评价"作为此次研学活动的评价。

5. 把综合实践多方联动课程与传统学校的春秋游、研学活动有机结合，保证课程的顺利实施。

（案例提供：湖南省长沙市湘江新区岳麓区实验小学　王婧）

五、明析价值意义

"感恩一路有您"主题活动目前在长沙市各学校开展以来，数十个学校参与，孩子们栽种树木花卉、制作手工艺品、制作传统美食等，完成了两百多个项目，整合了综合实践、劳动教育、各学科综合多维育人目标，制作的礼品用来感恩革命烈士、优秀党员、消防战士、环保卫士、白衣天使、辛勤园丁、社区老人等，培养了孩子们的社会责任感、感恩之心，以及惜物爱物的意识与创造美好生活的能力！这样的教育模式，有学校的指导，如前置、后拓课程的落实，有家长的组织，有基地的精心策划，有社会机构的广泛参与，开启了学校、家庭、基地、社会多方联动育人模式，真正做到整合优质教育资源，形成教育合力。

作为建构新的立德树人新体系，整合各学科综合多维育人目标，真正实现德智体美劳五育并举的初步尝试，其主要价值有如下几个方面：1. 家庭方面，激发家长对家庭教育的功能。现代学生教育，偏向于学校教育，很多家长忙于自身工作，缺乏对孩子的家庭教育。解放孩子天性，明确兴趣方向，通过"寓教于乐"的亲子互动活动，家长发现孩子的兴趣方向。促进亲子关系健康发展。通过合力完成任务，形成共同话题，建立长效沟通机制，保证孩子心理健康发展。2. 学校方面，学校通过前置课程引领教学，后拓课程深化活动探究，使其与学校文化课程结合，提高学生自主学习的能力。如，纯露提取实验：这是一个涉及生物、化学、物理知识的实验，学校可以在活动之前带领学生学习"什么是纯露""什么植物可以提取纯露"等知识，提高学生对纯露提取实验的兴趣。在活动之后，可以引导学生思考：我们还可以用此种方法提取哪些品种的纯露？在生活中有哪些应用？培养学生们自主探究的能力，提高学生的学习效率。3. 社会优质资源（如基地）

方面，整合各方资源，通过专业团队设计精细化课程，引领各方形成教育合力，让学生在立体化教育方式下，各方面能力得到全面提升。4. 社会方面，培养学生感恩社会回馈社会意识及爱国情感，与学校建立互动机制。

本主题，引领基地、学校、家庭、社会的四方联动，使感恩文化植入活动中，让学生学习常规知识的同时逐步学会珍惜、关爱，懂得回馈社会，实现了多元化教育的目标。

【案例分享】

感恩一路有您，致敬消防勇士
——学校开启劳动教育综合育人新模式

近日，长沙市岳麓区博才白鹤小学、长沙县中南小学师生、家长与中国民族贸易促进会一乡一品产教融合全国示范基地郧原文化园联动优秀企业，分别来到麓山门消防中队、月亮岛消防中队开展了"感恩一路有您，致敬消防勇士"主题实践活动。

该主题活动采用姜平教授国家级优秀教学成果"综合实践活动建设推进与实施"四方联动模式开展，在活动中整合了家庭、学校、企业、基地多方教育资源，运用中国民族贸易促进会一乡一品产教融合劳动教育理念，在整合以上资源的过程中，家长、学校引导孩子们在广泛调研的基础上，确立感恩对象，在学校教师、基地和企业的共同指导下，根据消防救援人员的工作性质，确立制作的礼品类型，制作礼品并进行包装设计制作，最后和家长们一起亲手将礼品送给消防救援人员。

采访中，孩子们这样陈述慰问消防救援人员的理由："熊熊烈火中，他们身披铠甲、冲锋在前；刺骨洪水里，他们筑起人墙、支撑希望；野外遇险时，他们义无反顾、奋力救援。他们是人民安全的守护者，是真正的英雄！他们守护我们的安全，我们牵挂他们的平安。"

中南小学林雅老师告诉笔者，"金橘怀贞质，朱实表丹诚。"橘子营养价值非常高，特别是富含大量的维生素 C，有开胃理气、止咳润肺的功效，对于消化不良、口渴咽干有一定的缓解作用。将橘子加工成橘子罐头和陈皮果脯，送给消防员叔叔的策划，是中南小学结合基地资源和学校综合实践主题确立的。

基地活动中，经过基地特聘的中医专家讲解，孩子们了解了芦荟具有皮肤保湿和修复功能，是品质优良的天然护肤品。消防员们经常战斗在火灾抢险的第一线，皮肤易被热气灼伤，所以芦荟产品应该是最适合送给消防员叔叔的礼物了。在中医专家及基地教师的指导下，孩子们经过调配油脂，加软化剂、保湿水，搅拌等步骤，芦荟护手霜大功告成了，连空气里都弥漫着芦荟的清香。孩子们将亲手制作的中药香皂、芦荟护肤霜、陈皮果脯、橘子罐头四种礼品，并设计制作好包装作为送给消防员叔叔的礼物。

博才白鹤小学王谢平校长说，此次感恩教育活动，是学校开展系列感恩主题活动中的一个，每次活动，孩子们意犹未尽、收获良多。家长们纷纷表示：在家庭、学校、基地、社会的四方联动下，通过产教融合劳动模式，制作各类手工礼品，亲手献给社区党员、革命烈士、最美逆行者——英勇的消防勇士等，表达对他们对社会的感恩之心。活动中孩子们学习传统文化，开展科学探究、掌握劳动技能，洗涤心灵，体验丰富，收获满满。

"感恩一路有您"活动，让孩子从学会感恩开始，感恩家人、感恩师长，到感恩社会、感恩国家，培养孩子的感恩意识、责任意识、服务意识、爱国情怀，形成正确的社会主义核心价值观和良好的道德品质。在本主题活动中，整合了学校、家庭、社会、政府、基地等多方教育资源，形成多方联动的教育机制。感恩活动中，感恩对象的确立，感恩礼品的制作与设计，感恩礼品的送达等活动，可以巧妙植入深刻教育内涵与学校课程因素，将道德养成、文化植入、科学探究、设计制作、艺术创造、礼仪规范等教育内容深度融入主题之中，变革教育方式，真正实现了五育并举，我们希望国家级优秀教学成果在中国民族贸易促进会一乡一品产教融合项目的融入过程中，更多的家长、学校、社会参与到活动中，促进我国高质量教育体系的建设。

（案例提供：湖南省长沙市湘江新区博才白鹤小学　王谢平　何萌萌　罗彬）

感恩一路有您
——"重温红军餐，继承革命志"多方联动模式

在"感恩一路有您"这个大主题下，学校与基地、家庭、社会多方联

动，开展了一系列实践活动。

二万五千里长征，开创了中国革命的新天地，创造了人类历史上的伟大奇迹。当年长征条件十分艰苦，为筹备粮食，朱德专门请来当地人，带领野菜小组认识并收集了多种野菜，还为此专门办了一次野菜展览，让红军战士们排队参观……今天我们将追随红军的脚步，在博庠文化园基地的策划下，开展"重温红军餐，继承革命志"四方联动模式的综合实践主题活动。

（一）前置课程　野菜与红色文化

前置课程上，李丹老师教大家认识各种野菜，了解野菜食育文化，并和孩子们一起重温红军长征时野菜展览历史，共读野菜诗词，孩子们对即将开始的研学旅行充满期待。

（二）研学课程

1. 集中开营仪式：（1）朗读誓词。（2）授队旗。

2. 野菜辨识采挖。辨识红军吃过的野菜，介绍几种常见野菜，了解野菜的食用方法及功效。在接下来的野菜采挖环节中，孩子们已不再是家中娇气的公主和王子，在泥泞的小道上留下深深浅浅的脚印，采摘着当年红军吃过的野菜，追寻革命先辈们的足迹。

3. 学生野炊活动。时至中午，野炊营中升起袅袅炊烟。孩子们分工合作，开始制作红军餐。一粥一饭，当思来之不易；半丝半缕，恒念物力维艰。这顿饭菜虽然不似昔日红军那样艰苦，但不少孩子被烟熏得眼泪直流，也能体会当年红军的不易。

4. 自制野菜饼饭后，孩子们将采来的蒿子等制作成了野菜饼、设计野菜饼包装、开展成果推介会。

（三）后拓课程

1. "传承红色基因，感恩退伍军人"主题活动。

后拓课程开展"传承红色基因，感恩退伍军人"的主题活动，孩子们邀请来退伍军人，一起学党史，传承红色革命精神，并将研学活动亲手制作的野菜饼送给退伍军人叔叔，表达感恩。退伍军人孙艺靓讲述了为人民海军航母舰载机事业牺牲的第一位英烈张超的英雄事迹。他的英雄事迹时刻激励所有的海军将士，也激励着在场的所有少先队员，要牢记把个人理想与中华民族伟大复兴的中国梦融合到一起，敢于有梦、勇于追梦、勤于圆梦，把实现个人价值和人生目标作为自己一生不懈的追求。此次活动将红军"有坚定的信仰、不怕艰难险阻"的精神和老一辈的爱国情怀深植于孩子们的心灵，让孩子们懂得今天的幸福生活是无数先烈用生命和鲜血换来的，珍惜现在美好生活，学会感恩，传承革命精神。

2. 野菜的人工培育。

3. 培育野菜与自然生长野菜的比较探究。

（案例提供：湖南省长沙市岳麓区博才白鹤小学　王谢平）

六、劳动教育新产教融合模式

2020 年 3 月 20 日，中共中央国务院颁布《全国大中小学劳动教育实施意见》，劳动教育成为实践育人的重要课程载体。在新时代背景下，劳动教育要体现产教融合、新技术支撑、创新劳动实践三个重要特征。如何在大中小学，尤其是中小学开展产教融合？此方式与职业技术学校的产教融合有哪些不同？为此，我们开展了探究。

（一）产教融合概念

1. 产教融合

产教融合，原是指职业学校根据所设专业，积极开办专业产业，把产业与教学密切结合，相互支持，相互促进，把学校办成集人才培养、科学研究、科技服务为一体的产业性经营实体，形成学校与企业浑然一体的办学模式。

2. 新产教融合

新产教融合是大中小学根据中共中央国务院 2020 年 3 月 20 日《关于全面加强新时代大中小学劳动教育的意见》精神及劳动教育基本原则中提到的：注重新兴技术支撑和社会服务新变化、深化产教融合、开展创新劳动实践等新时代劳动教育的特征以及改进劳动教育方式要求，探讨从小学至大学阶段产教融合劳动教育新模式。该模式将学校劳动教育实践活动与企业文化、技术紧密结合，因地制宜、因时制宜整合企业资源，将其纳入劳动教育课程开发与实施、评价体系，促进贯穿家庭、学校、社会各方面，与德育、智育、体育、美育相融合，紧密结合经济社会发展变化和学生生活实际，具有区别于职业教育产教融合特色的劳动教育模式。

3. 创新之处

与职业学校产教融合方式相比，基础教育新产教融合有哪些不同呢？笔者在该体系建构中，主要建构与传统产教融合完全不同的课程与执行体系。具体特色如下：

（1）新产教融合劳动教育模式贯穿大中小学各学段。从学生身心发展特征入手，构建符合各学段学生身心发展规律的产教融合劳动教育课程体系，小学阶段，企教融合，企业参与某些劳动技术指导；初中阶段，企业参与某些劳动教育技术指导与企业文化植入；高中阶段，企业参与某些劳动教育技术指导与企业文化植入的基础上，参与企业某些产品的创新与研发；大学阶段，学校兴办与企业相关的下游服务产业或上游产品研发创新，让学生参与生产或经营及产品研发，取得一定的报酬，为学生工读结合、勤工俭学、未来就业准备创造条件。

（2）整合家庭、学校、企业多方面教育资源，建立家校社协同育人模式。小学、初中学段：学校、家庭、社会（基地、企业），以学校、基地为主体组织实施，家庭、企业参与；高中学段，以学校、基地为主体组织实施，企业参与；大学阶段，以学校或企业为主体，开展产教研融合模式。

（3）因时制宜、因地制宜，结合当地特色企业资源开展产教融合课程体系建设。小学、初中学段，以传统手工艺、社会服务类、传统食育文化等企业为主要融合资源；高中学段，引入农业种植类、工业制造类企业；大学学段，引入高科技产业类企业。

（4）与学校课程紧密结合，与德育、智育、体育、美育相融合，实现五育并举。劳动教育突破纯技术训练和浅层次体验的藩篱，充分体现新兴技术支撑、产教融合及创造性劳动教育特征，课程形态围绕某一核心主题展开，内容涉及文化植入、科学实验探究、自然观察研究、社会考察研究、劳动体验、技术学习、创意设计、职业体验等方式整合，在此过程中，综合运用各类学科知识与自身经验，真正实现五育并举。

（5）企业通过技术植入课程，本土企业品质化品牌得到学生、家长高度认同。在课程实施过程中，不仅有技术学习，更有文化植入，让学生对企业文化产生高度认同，社会、家长、学生有了这些文化认同，品牌打造及社会购买力倾向本土化，形成内需经济的巨大推动力。同时，为将来企业培养复合型综合素质人才储备打下基础，解决企业人才缺乏的切肤之痛。

（二）构建科学合理的序列化课程体系

要建构规范化、序列化、日常化的产教融合研学与劳动教育课程体系。根据企业的类型及课程资源、基地类型等情况，结合劳动实践教育的目标，开发系统的产教融合劳动实践教育内容体系。该体系可从家政劳动实践、农林劳动实践、工业制造实践、工艺技术实践、设计创造实践、职业体验实践等方面建构入手，对接相关企业资源，形成小学、初中、高中互相衔接、螺旋上升的课程体系。小学低年级注重劳动意识启蒙，日常劳动习惯养成，重点开展好自我服务性劳动；小学中年级注重卫生、劳动习惯养成，重点开展好家政劳动实践；小学高年级要注重劳动技能培养，开展工艺技术实践，适当参加农林劳动实践、工业制造实践、职业体验实践活动；初中学生要开展创造性劳动实践，要适当参与农林劳动实践、工业制造实践、工艺技术实践、设计创造实践、职业体验实践；普通高中注重丰富职业体验，开展服务性劳动、参加生产劳动，使学生熟练掌握一定劳动技能，理解劳动创造价值，具有劳动自立意识和主动服务他人、服务社会的情怀。在课程内容开发过程中，既关注技能培养，更要注重劳动意识、创新能力培养，要开发系列与学校文化结合、与学科结合、与综合实践活动主题结合、与研学实践活动结合、与企业文化结合的劳动实践主题活动，将技能培养纳入主题活动过程，形成深度探究，体现新时代劳动教育特征。

产教融合序列化课程模块列表

学段	核心目标	核心内容领域（核心领域下根据不同学校及周边企业资源，进行主题、项目的多层次开发）
小学低段	注重劳动意识启蒙，日常劳动习惯养成，重点开展好自我服务性劳动	家政劳动实践：自我服务类
小学中段	卫生、劳动习惯养成，重点开展好家政劳动实践	家政劳动实践：家务劳动类

（续表）

学段	核心目标	核心内容领域（核心领域下根据不同学校及周边企业资源，进行主题、项目的多层次开发）
小学高段	四类劳动技能培养	工艺技术实践为核心，适当参加农林劳动实践、工业制造实践、职业体验实践活动
初中学段	初中学生要开展创造性劳动实践，要适当参与农林劳动实践、工业制造实践、工艺技术实践、设计创造实践、职业体验实践	创造性劳动实践为主，结合开展农林劳动实践、工业制造实践、工艺技术实践、职业体验实践
高中学段	丰富职业体验，开展服务性劳动，参加生产劳动，使学生熟练掌握一定劳动技能，理解劳动创造价值，具有劳动自立意识和主动服务他人、服务社会的情怀	职业体验实践为核心，其他家政劳动实践、农林劳动实践、工业制造实践、工艺技术实践、设计创造实践为辅
大学学段	学校兴办与企业相关的下游服务产业或上游产品研发创新，让学生参与生产或经营及产品研发，取得一定的报酬，为学生工读结合、勤工俭学、未来就业准备创造条件	根据自己的专业特长及发展方向，对接企业，进行各类产品及项目策划、生产、经营、服务活动

（三）构建家校企业及社会资源协同合作的育人体系

构建全员育人的劳动教育育人体系，突出企业、基地、学校在劳动教育中的核心地位。不同学段，育人主体体现差异性，各自主体发挥的作用不同。

不同学段，育人主体功能表

学段	家庭	学校	企业	基地
小学低段	活动相关物资准备及参与，学生学习效果评价与日常习惯养成督促	1. 组织产教融合活动实施；2. 前置课程教学；3. 深度拓展课程指导、实施	相关专业技术指导	1. 策划整合主题；2. 组织产教融合资源对接；3. 开展劳动教育活动文化植入及活动组织实施、评价

（续表）

学段	家庭	学校	企业	基地
小学中段	活动相关物资准备及参与，学生学习效果评价与日常习惯养成督促	组织产教融合活动实施：包括与具有课程特色的基地对接及主题商议；前置课程教学；深度拓展课程指导、实施	相关专业技术指导	1. 策划整合主题；2. 组织产教融合资源对接；3. 开展劳动教育活动文化植入及活动组织实施、评价
小学高段	活动相关物资准备及拓展活动的支持，学生学习效果评价	组织产教融合活动实施：包括与具有课程特色的基地对接及主题商议；前置课程教学；深度拓展课程指导、实施	相关专业技术指导	1. 策划整合主题；2. 组织产教融合资源对接；3. 开展劳动教育活动文化植入及活动组织实施、评价
初中学段	活动相关物资准备及拓展活动的支持，学生学习效果评价	组织产教融合活动实施：包括与具有课程特色的基地对接及主题商议；前置课程教学；深度拓展课程指导、实施	相关专业技术指导及企业文化植入	1. 策划整合主题；2. 组织产教融合资源对接；3. 开展劳动教育活动文化植入及活动组织实施、评价。
高中学段	活动相关物资准备及拓展活动的支持，学生学习效果评价	组织产教融合活动实施：包括与具有课程特色的基地对接及主题商议；前置课程教学；深度拓展课程指导、实施	相关专业技术指导及企业文化植入	1. 策划整合主题；2. 组织产教融合资源对接；3. 开展劳动教育活动文化植入及活动组织实施、评价
大学学段	活动相关物资准备及拓展活动的支持，学生学习效果评价	组织产教融合活动实施：包括与具有课程特色的企业对接及具体实施指导及专业支撑	相关专业技术指导及经营模式指导，企业文化植入	提供实习场所

（四）构建家校企业及社会资源协同合作的课程执行系统

家校企业及社会资源协同合作的执行步骤如下。第一步，学校与基地确立研学实践或劳动实践活动课程主题，并做好前置课程教学；第二步，学校将学生拟开展的活动主题告知家长，做好相关资料、前置准备；第三步，基地对接与学校研学、劳动实践相关主题关联的企业；第四步，基地对相关企业技术人员进行主题课程培训对接；第五步，学生去基地实施主题活动课程，企业技术人员进行专业技术指导，基地教师执行文化植入等其他课程；第六步，学校指导进行相关主题的后拓课程。

（五）产教融合的价值分析

通过本劳动教育方式，从教育价值看，产教融合模式活动中，企业技术骨干直接进入现场指导，学生劳动技能提升具有极大价值，培养了学生的工匠意识、工匠精神。一方面，提升创新能力。同时，企业文化也将影响学生多层面理解文化内涵，在与企业互动的过程中，产生新的思考，从而具有更多的创新意识、更强的创新能力，产生更多的创新成果，将来成为推动科技进步的新生力量。二方面，挖掘天赋潜能。通过与社会多方位互动，学生从小在劳动实践情境中发现自己的兴趣爱好与潜能，形成广泛的兴趣爱好。学生的表现得以及时肯定，天赋得以及时发现。三方面，积累体验经验。解决部分专业技术功能退化倾向，学生通过多技能化、多职业化体验，为未来参与社会职业增强适应性。从企业价值看，一方面，打造企业品牌。企业通过技术植入课程，本土企业品质化品牌得到学生、家长高度认同。在课程实施过程中，不仅有技术学习，更有文化植入，让学生对企业文化产生高度认同，社会、家长、学生有了这些文化认同，品牌打造及社会购买力倾向本土化，形成内需经济的巨大推动力。产品持续创新：在产教融合的过程中，基地、师生丰富的想象力与创新能力，促进产品的创新，企业更多地关注学生的需求，拓展业务范围。二方面，未来人才储备。为将来企业培养复合型综合素质人才储备打下基础，解决企业人才缺乏的切肤之痛。三方面，企业反哺社会。对社会而言，众人进入社会，使得企业具备平行性资源整合能力，企业更多地导入社会资源，使其内部产生巨大的推动力，企业不断壮大后反哺社会，为政府分忧解难，让更多的力量服务于人民和社会。四方面，优秀技艺传承。将我们民族传承的优秀文化与技艺，进一步保留发扬和创新，以符合社会时代的特征，在未来的岁月中，我们的传统文化技术才能真正走上伟大的复兴之路。从基地价值看，一方面，提升基地品质。通过基地搭建平台，整合多方资源，进行主题研发，提升基地品质。二方面，进行课程推广。开展研学实践、劳动教育等实践课程推广。三方面，促进市场转化。让社会各类企业产能快速转化为市场价值。该模式深耕中华企业及课程文化的土地，多方位文化植入技术课程，少年强则国强，我们坚信，此模式的推广与实施，对促进伟大中国梦的实现具有积极意义。

七、学校社区联动育人模式

上面介绍了学校基地互动模式、产教融合模式、四方联动育人模式，下面来谈谈学校社区联动育人模式建构思路。

（一）明晰方向，确立建构模型类别

学校开展劳动教育，要充分利用学校分析社区资源，因地制宜开展。学校—社区模式的建构，一是学校社区课程资源独具特色，有学校社区互动模型建构基础；二是学校传统课程主题开展有基础。以枫树山中航城小学为例，该校是笔者国家优秀教学成果"综合实践与劳动教育课程建设、推进与实施"推广应用示范学校，担任"多方联动育人模式"成果示范推广任务，在成果推广示范的过程中，如何定位学校课程文化的方向、如何突出学校已有的文化特色，如何有效利用周边优质的课程资源，确立什么联动类型，提炼什么主题来带动联动机制等，诸多问题一直困扰着学校。

了解到学校的困惑后，我做的第一步，就是帮助学校明晰思路，确立了特色发展方向，确立建模类型。在与学校交流过程中，了解学校已有的资源及课程实施基础：第一，学校毗邻省植物园，与植物园有良好的互动联系；第二，学校利用社区开展的职业体验"社区理想家"社会服务活动形成常态机制。在分析学校已有特色活动和周边课程资源的基础上，帮助学校确立了"建构综合实践与劳动教育整合的学校社区联动模型"为主要研究方向。建议学校联动植物园、社区"理想家"，形成很好的社区服务联动模型。

（二）确立主题，提炼建模文化元素

学校确立建模类型后，第二步，学校提炼主题，确立建构模型地核心文化元素。以上述枫树山中航城小学为例，为帮助学校找到联动模型建构的抓手，我从分析学校已有的教育哲学入手，校长介绍：学校曾经提出"诗雅教育，浸润童年理念。旨在让优秀传统文化诗词楹联成为孩子们生命的底色，让学生学习竹子谦虚、向上、有理、有节、无私、坚韧、高雅、奉献的精神，进而成为一个品格高尚的好孩子"。受到学校育人目标启发，湖南省

植物园丰富的竹资源，以及中航城小学孩子们零星的一些与竹相关的小制作，启发了我的灵感，向学校建议确立"竹文化"为核心文化元素来设计学校主题模块，主要基于几点：第一，"绿竹猗猗"出自《淇奥》，是《诗经》中的一首赞美君子形象的诗歌，借绿竹的挺拔、青翠、浓密来赞颂君子的高风亮节。竹文化是一种君子文化，和学校诗雅教育的文化构建高度一致；第二，竹子"虚心有节，中通外直"，其内涵已成为中华民族品格、禀赋和精神象征。中通外直中的"通"，从学校层面看，具有整合的理念，有课程融通的思想，有联动育人的意蕴，从育人目标看，以培养沟通万物的综合型人才为目标，与我们育人价值追求一致；第三，学校周边的省植物园竹资源丰富，学校校园随处可见种类丰富的竹子，学校在每一株不同品种的竹子上都挂有书其产地、特征等信息的木牌。可见，竹子早已进入学校师生的校园环境生活；第四，竹子本身具备的文化性及实用性特征为学校文化建设、劳动实践活动与社会服务活动开展提供了很好的材料。至此，"竹"这个核心文化元素提炼出来，以"竹文化探究"来作为联动模型建构的主题确立。

（三）植入文化，系统开发联动课程

学校核心文化元素提炼出来后，第三步，是围绕核心文化元素设计课程体系。如，枫树山中航城小学案例，第一，帮助学校将"竹"元素植入学校，形成特色校园文化。竹元素植入学校环境文化，让青青翠竹点缀校园文化景观。在校园种植各类竹子，如毛竹、楠竹、凤尾竹等，用竹子营造绿色校园，用竹子点缀学校文化景观。每个班级门口的竹书架、竹盆景等构成了特殊的班级竹文化，让学生在沐浴竹香的同时，也品味着学校生活的别样乐趣；着力创建"竹文化长廊"：一幅幅精美的图片、一段段咏竹的妙文、一件件稚嫩而又新奇的竹制品，形象生动地阐释竹所具备的独特文化印记、丰富的实用价值。漫步其间，学生既能学到不少与竹子相关的基本知识，又能从身边同学的优秀作品中感受竹文化的无穷魅力。第二，植入学校课程文化。学校竹林，可用于学生爬竿活动，学校竹竿舞，体现了特色的课间游戏，此外，学校对竹课程模块进行系统主题开发，从竹子的种类习性、竹子的生活运用、竹子的艺术创造、竹子的文化意象等多个角度挖掘课程内涵、设计主题。依据学生身心发展规律，分阶段、有重点地设计各项竹文化探究活动。

（四）设计方式，形成联动育人机制

学校竹课程体系主题开发后，第四步，指导学校设计联动方式，形成联动育人机制。如，在枫树山中航城小学竹课程植入过程中，学生在湖南省植物园相关专家的引领下，了解竹课程必备科学知识，通过中科大高科技项目植入，学生所种竹子成长全过程可视化，学科教师通力合作，竹课程整合学科课程，全面开展围绕竹文化主题的各类探究活动，学校社区互动，将竹元素相关设计融入"社区理想家"的布置及生活运用等，在"社区理想家"社区服务中，改变以往单纯提供劳力输出的方式，融入竹文化创意设计类课程产品，提升社区服务的品质，竹文化元素通过学校设计与传递，湖南省植物园、"社区理想家"两个互不关联的资源进行了很好的联动。此外，学校还通过综合实践研学活动，开展优质基地与学校互动，如基地竹资源课程化设计用于学生研学实践活动，将竹课程全方位贯穿学校综合实践、劳动实践教育课程各领域。

专题四
学校综合主题类劳动教育课程实施路径

2022 年，教育部正式发布《劳动教育课程标准》（2022），课标强调劳动教育要引导学生从现实生活的真实需求出发，亲历情境、亲手操作、亲身体验，经历完整的劳动实践过程。实施主要方式是项目开发与劳动周开展，其中"开发劳动项目"经历的劳动教育过程："1. 项目设计：制定项目目标—选择项目内容—确定劳动场域—明确项目过程—提炼项目操作方法；2. 项目安排：整体规划、纵向推进、因地制宜、各有侧重；3. 注意事项：强化劳动教育与教育的有机统一；注意项目与其他课程的紧密结合；关注校内校外劳动实践的有效拓展。"又如"设置劳动周"的要求提到："1. 制定周密方案：各类准备、组织动员；2. 注重多方衔接：空间衔接、内容衔接、时间段衔接；3. 注重劳动实践的内化：综合育人、能力素养；4. 切实保障安全：环境安全、过程安全。"可见，在课程实施方面，要经历多样的实践过程，要与各类教育有机统一，要形成开放的态势，建立联动机制。在上面专题中，我们专门列举了"学校—基地互动""四方联动育人劳动教育模式""产教融合模式"等三类联动实施模型，如何在这些模型框架下，探索劳动教育多样实施的路径呢？

一、纳入常态课时教学，制订课时计划

劳动教育如何纳入周课时计划，笔者通过研究，将综合实践活动课堂教学范式引进劳动教育课堂，劳动教育与综合实践活动深度融合，劳动教育与综合实践活动同时进入课程表，保证每周至少一节劳动课的时间。从下面案例说明，综合类主题劳动活动项目，劳动教育课程，是以综合实践主题探究

的形式开展的，必须清晰地知道每一个主题均需经历"发现问题、确定主题—活动策划、制定方案—围绕主题、劳动实践—总结反思、交流评价"的全过程。这样的教学安排一是经历长周期，二是与多学科结合，每周将一个课时纳入专题教学体系，以此保证主题活动整体的规范性，实现综合育人的目标。如某学校的课程安排如下：

××学校的课程安排表

年级	主题	周次	实施项目	实施场景学校、基地、社区等
一、二年级	药食同源食育文化	第一周	活动1：探讨秋冬与春夏的不同	学校
		第二周	主题确定：探究秋冬养肺的奥秘	学校
		第三周	主题分解	学校
		第四周	方法指导：正确进行主题表述	学校
		第五周	活动2：绘画大比拼——秋冬养肺方法	学校
		第六周	活动策划	学校
		第七周	各小组分享活动计划	学校
		第八周	方法指导：学习填写活动计划表	学校
		第九周	阶段交流	学校
		第十周	研学前置课程	学校
		第十一周	研学活动	研学基地
		第十二周	研学后拓课程	学校
		第十三周	总结交流	学校
		第十四周	活动3：养肺食饮分享会	学校
		第十五周	活动4：爱心义卖	学校

二、与研学相统一，开展主题劳动周

在劳动教育中，劳动周是指每学年设立的、以集体劳动为主的，具有一定劳动强度和持续性的课外、校外劳动实践时间。劳动周是劳动课程的重要组成部分，劳动周与每周至少1课时的劳动课不能相互替代。

（一）时间安排

在劳动周的时间安排上，将劳动周与学校集中研学统筹安排。我们根据

《教育部等 11 部门关于推进中小学生研学旅行的意见》（教基一［2016］8号）："1. 纳入中小学教育教学计划。各地教育行政部门要加强对中小学开展研学旅行的指导和帮助。各中小学要结合当地实际，把研学旅行纳入学校教育教学计划，与综合实践活动课程、劳动教育课程统筹考虑，促进研学旅行和学校课程有机融合，要精心设计研学旅行活动课程，做到立意高远、目的明确、活动生动、学习有效，避免'只旅不学'或'只学不旅'现象。学校根据教育教学计划灵活安排研学旅行时间，一般安排在小学四到六年级、初中一到二年级、高中一到二年级，尽量错开旅游高峰期。学校根据学段特点和地域特色，逐步建立小学阶段以乡土乡情为主、初中阶段以县情市情为主、高中阶段以省情国情为主的研学旅行活动课程体系。"相关要求将劳动周与研学旅行实施进行统一设计，拓展了劳动教育的实施途径，打通学校与社会的联系，发挥劳动教育的综合育人价值。

（二）活动内容

劳动周的内容以综合主题类项目为主。这些主题项目设计，根据劳动教育日常生活劳动、生产劳动、服务劳动建构体系。具体到劳动周主题设计，一是考虑课程内容的综合性特征，要在统一的主题下将技术学习、科学探究、生活应用、创意设计等方面综合设计；二是要序列安排，劳动周统一在一个主题下建构内容序列；三是要体现联动育人方式，在开放的空间进行劳动周。仍以"茶文化探究"为例，围绕这个主题，一是对茶的认知、技术以及茶的科学、文化等方面进行多方面课程内容挖掘；二是要将挖掘的课程内容建构项目序列；三是要确立劳动周实施的各类场景。如下表。

茶文化探究主题单元课程

主题	主要项目	场地设计
学茶礼，知茶学	体验、学习茶的礼仪	学校、家庭
认茶叶，品茶味	1. 学习茶叶的知识，简单了解每个类别茶叶的基本特点。2. 结合实物，认识六大类茶的代表品种。3. 学会初步品茶，通过观茶形、观茶色、闻茶香、品茶味来区分不同品种的茶	茶文化基地

（续表）

主题	主要项目	场地设计
识茶器，学茶艺	初步认识茶叶冲泡的各类茶器	茶文化基地
布茶席，设茶境	茶席布置：插花、熏香、挂画、茶具选择等	茶艺馆
展茶博，传茶饮	分组设计茶博会方案并布置一个茶博会现场	茶博会现场或商场
综茶意，演茶韵	选择一个茶文化情景设计剧本	学校
探茶秘，研茶学	茶多酚测定实验	学校

（三）活动实施

劳动周开展，一般经历如下几个阶段。

第一阶段，进行劳动周主题设计。劳动周的主题设计，要在对学校综合实践、学科课程整合、学校特色活动及课程资源的综合分析基础上确立。

【案例分享】

劳动教育与研学活动整合路径

我校是一所九年一贯制公办学校，中小学一体跨度大、面积小、师生多。学校劳动教育实践中，存在两个突出问题：一是"有技术、无课程"，劳动教育多为纯技能训练，没有发挥五育融合、综合育人功能；二是"做法多、规划少"，劳动教育内容丰富、形式多样，但学段相互割裂，层次区分不明，缺乏整体系统规划。

如何破解这些难题？在成果持有人姜教授的指导下，我们开展了"综合实践与劳动教育整合模式"的探索。姜教授指出，中小学劳动教育要以"五育融合"理念为指导，依托综合实践活动，因时、因地制宜，开发劳动教育综合育人课程体系，探索基于主题一体化实施的劳动教育路径。

学校种植了两百多棵银杏树，分布在校园主干道两旁及各绿化带内，形成醒目的银杏景观，演绎了四季美景的更迭。我们围绕校树银杏，以劳动教育为抓手，通过主题系统开发，形成了"银杏树下"劳动周主题活动课程。

曾经，遍地橙黄的落叶让学校保洁员头疼不已；而今，蹁跹的"金蝴蝶"成为孩子们竞相追逐的校园团宠。

（案例提供：湖南省长沙市周南秀峰学校　朱玮芳）

第二阶段，劳动周活动准备阶段。在劳动周开展准备阶段，一是制定详细的课程执行方案。对劳动周涉及的人、地、物以及时间等要素进行有序安排，并做好安全防范预案、意外事件处理紧急预案等；二是组织动员，阐述课程价值。对教师、学生和家长做好充分的动员教育，帮助师生及家长理解劳动主题的意义，明确劳动周的任务及其要求，做好各方面的准备；三是做好多方衔接，尤其是涉及相关劳动教育场景的课程、执行、安全、交通等多方衔接。

第三阶段，劳动周实施阶段。此阶段是按照计划组织实施，在此过程中一是要有技能学习与要求，二是要引导探究与深化，三是要开展反思与总结。以前面提到的"银杏树下"劳动周活动为例，教师对劳动过程的描述："基地活动中，我们抓住劳动教育'讲解说明—淬炼操作—项目实践—反思交流—榜样激励'五大关键环节，以问题引路、文化植入、任务驱动让孩子们在'知行合一'中亲历完整的劳动过程。孩子们的劳动成果十分丰富，有的糕饼荟萃，以传统文化品味食育之道；有的形色俱佳，以巧思妙手探寻艺术之美；还有的提取纯露，以科学实验揭秘养颜之术。他们给这些产品制作好精美的包装盒，准备赠送给身边的父母长辈，表达感恩之情。"

第四阶段，总结评价阶段。劳动周结束后，要开展关于劳动周的总结与评价，关于劳动周的评价，一般以表现型评价和过程性评价为主。在课程高度整合的背景下，劳动周的评价也与学校传统节庆活动、班团队活动整合，生发多种形式。

【案例分享】

劳动教育评价方法

课程"银杏树下"模块"飞扬寰宇的金蝴蝶"中主题"创意制作微电

影"，通过三点半社团活动来实施。以六年级为例，孩子们全程自编、自导、自演，充分融入了文学写作、戏剧表演、音乐美术等多学科学习，在各种"电影人"岗位实践中，体验着电影创作的忙碌与艰辛，感悟着电影人精益求精的工匠精神。

传统的元旦庆祝会变成了"微电影首映礼"。孩子们分享交流了成长收获与反思，电影展播后评选表彰"最佳剧本""最佳编辑""工匠精神奖"等，首映礼成为他们展示的舞台，"过程性""发展性"评价不着痕迹地贯穿始终。

课程开设以来，学校又添"银杏文化节"，创意服装秀、银杏叶入茶科普宣讲、主题作品展等，为孩子们提供了成果展示平台，融入了多元激励性评价。

如"银杏制品的探究与实践"模块中，主题"银杏元素创意秀"，依托学校、班级的爱心义卖活动开展。三月学雷锋进行时，孩子们用亲手设计、制作的各种表现银杏元素的工艺品、文创产品等布置义卖展台，将义卖所得捐赠给困难小伙伴。以劳动所得帮助需要帮助的人，在服务他人中懂得了劳动创造价值、劳动最崇高。

（案例提供：湖南省长沙市周南秀峰学校　朱玮芳）

三、综合实践与学科融合，开展长主题项目研究

劳动教育与综合实践及学科课程深入融合，主要包括如下几项工作：1. 把握新时代劳动教育的特征，将围绕劳动教育的目标，构建劳动教育课程模块。在综合实践与劳动教育课程中的设计与制作类、职业体验类、社会服务类活动开发劳动教育类专题，并围绕生活性劳动、生产性劳动、服务性劳动三个内容构建系列，重点开发新兴技术支撑、产教融合、创造性劳动能力为核心的劳动教育课程内容，建构职业体验课程内容与实施体系。2. 在劳动教育中突出实践第一原则，将综合实践方式，如考察探究、设计制作、社会服务、职业体验等运用于劳动实践教育。3. 在劳动教育专题开展过程中，整合各学科教学内容。4. 拓宽劳动教育途径，创新劳动教育的机制，突出劳动教育社会性，开发社会劳动教育课程资源，将综合实践与劳动教育优质的课程资源引入劳动教育。

【案例分享】

"可食用花卉的调查研究"劳动教育课程规划

明华小学"可食用的花卉调查研究"劳动教育课程规划

	活动内容	活动目标	涉及学科	课时安排	活动形式	时间
准备阶段	资料搜集	多途径收集"可食用花卉名录",并将各个小组搜集的资料进行比对,找异同点并分析原因总结资料搜集的经验并记录	综合实践与劳动教育 美术	2课时	校内	2021年7月5日前结束
	资料归类	认识不同种类的可食用花卉,将准确的"可食用花卉名录"根据藤本、草本、木本进行分类,制作分类笔记	综合实践与劳动教育 美术 科学	6课时	校内	2021年7月10日前结束
	资料分析与需求评估	根据分类的资料与我校所在地区气候特征以及植物生活习惯,确定我校适宜种的植物,并进行校园种植规划(药用区、提色美化区、提香区),掌握资料分析方法	美术 综合实践与劳动教育 科学	10课时	暑假小组活动	2021年8月10日前
种植阶段	可食用花卉的种植与养护	在校园内种植小木槿、月季、金银花、茉莉、栀子等根据学生调查研究得到的适合我校种植的花卉,学习扦插与剪枝、合理施肥等劳动技能,培养热爱劳动的观念	综合实践与劳动教育 中队活动 科学	10课时	暑假小组活动	2021年8月30日前

（续表）

	活动内容	活动目标	涉及学科	课时安排	活动形式	时间
成果展示阶段	可食用花卉的保存与制作	在秋季，进行可食用花卉的采摘与收集，利用干燥、晾晒、蜜制、提香、提色等技术对可食用花卉进行研究	综合实践与劳动教育 美术 科学	8 课时	校内	2021 年 10 月 20 日前

（案例提供：湖南省长沙市湘江新区明华小学　黄冰雷）

四、三点半社团课程，发展深化学生劳动兴趣

目前，学校三点半课后服务的时间段一般用来完成作业，有的学校开设了个性化社团课程。我们将其与劳动教育课程整合，针对学生在劳动主题活动中特别感兴趣的方向，进行引导并深入探究。以"中医药文化探究"为例，学生平时主要开展中医药种植、炮制、中医药产品开发设计等活动，而对一部分兴趣浓厚且有潜力的学生，学校则利用三点半社团课程，开发了"中医药外治技能学习"专题，为本领域有特长和有兴趣的学生开展深化探究提供服务。

五、利用班团队活动，展示学生的劳动成果

学校利用少先队活动、党团队活动，为学生提供成果展示的舞台，是实施劳动教育评价的重要途径。往年的六一庆祝会，元旦庆祝会一般是歌舞表演和游艺活动，在劳动教育课程不断丰富的背景下，成为展示学生劳动成果的舞台。从下面这位老师的描述，我们可以感受到利用班团队活动、节庆活动展示劳动教育成果，促进了学校课程文化的新变革。下面我们看一段劳动教育指导老师的描述：今年的六一活动，我校改变了常规的文艺表演的庆祝形式，以发布会的形式开展，共设立了"橘系列"绘本的新书发布会和"橘系列"美食产品发布会，包括第一期的十套绘本，橘子罐头、陈皮果

脯、椰汁橘子冻等食物，也有橘子香包、橘油再生纸等产品的首次公开亮相。请看学生的节目单，包括有快板形式的产品介绍，有小品形式的劳动故事，有的分享劳动过程中合作互助、集思广益、共克难关的过程，有的分享自己在劳动过程中遇到的困难、快乐和美好。有绘本故事的现场朗读、有根据绘本故事改变的舞台剧，还自编自导了不同产品的广告表演。学生通过舞台剧、小品、快板等表演形式来推广自己的"橘系列"作品，让这个六一快乐升级、能力升级、创意也升级。

六、开展亲子活动，丰富劳动教育形式与内涵

家庭是劳动教育的重要场所，指导家庭开展亲子劳动教育，邀请家长参与学校的劳动节等展示活动，是劳动课程实施的重要途径。如劳动教育主题项目中，准备阶段一般有家庭亲子活动安排。

专题五
综合赋能的劳动教育优质基地建设

党的十八大以来，将社会优质资源纳入学生成长过程，已形成共识。当前社会优质资源丰富，但如何发挥其教育功能，将优质资源转化为优质的课程体系，还有一段距离。目前，关于优质资源的利用还停留在浅表的参观、考察活动层面，与学校课程形成互动，甚至与学校课程结构融为一个整体的目标远远没有实现。为此，我们既要利用优质课程资源，更要培育优质课程资源。在众多的优质资源中，基地是不可或缺的重要资源。随着对研学旅行、综合实践活动、劳动教育实践课程的重视，基于上述课程实践性、社会性特征，为之提供优质课程服务的场地场景应运而生。基地主要指各地各行业现有的，适合我们中小学生前往开展综合实践活动、研学实践、劳动教育的优质资源单位。该单位须结合自身资源特点，已开发或正在开发不同学段（小学、初中、高中）、与学校教育内容衔接的研学实践课程。

一、基地类型

以长沙为例，自 2016 年始，评选了五类基地。主要类型包括如下几类。

（一）优秀传统文化传播基地

包括旅游服务功能完善的文物保护单位、古籍保护单位、博物馆、非遗场所、优秀传统文化教育基地等单位，能够引导学生传承中华优秀传统文化核心思想理念、中华传统美德、中华人文精神，坚定学生的文化自觉和文化自信。

（二）红色革命传统教育基地

包括爱国主义教育基地、革命历史类纪念设施遗址等单位，引导学生了解革命历史，增长革命斗争知识，学习革命斗争精神，培育新的时代精神。

（三）国情教育体验基地

包括体现基本国情和改革开放成就的美丽乡村、传统村落、特色小镇、大型知名企业、大型公共设施、重大工程等单位，能够引导学生了解基本国情及中国特色社会主义建设成就，激发学生爱党爱国之情。

（四）国防科工考察基地

包括国家安全教育基地、国防教育基地、海洋意识教育基地、科技馆、科普教育基地、科技创新基地、高等学校、科研院所等单位，能够引导学生学习科学知识、培养科学兴趣、掌握科学方法、增强科学精神，树立总体国家安全观，树立国家安全意识和国防意识。

（五）自然生态研究基地

包括自然景区、城镇公园、植物园、动物园、风景名胜区、世界自然遗产地、世界文化遗产地、国家海洋公园、示范性农业基地、生态保护区、野生动物保护基地等单位，能够引导学生感受祖国大好河山，树立爱护自然、保护生态的意识。

二、遴选、评估认定基地

基地的遴选、评估、认定要经过自主申报、组织评审、评估认定的严格过程。对基地资源、课程、设施、安全、管理、教师等方面进行分类评估。以长沙市为例，针对五类基地评估都设计了完整的评价指标和评价标准、评价方法及认定流程。

【案例分享】

长沙市研学基地类别及评价要点示例

基地类型	评价要点
优秀文化传播基地	1. 具备一定观众人群和文化内涵丰厚的文化载体：基地具有具备一定观众人群和文化内涵丰厚的文化载体，其表现形式有理论、技艺、传统、民俗等。如儒家思想、历史文化街区、名人故居保护和城市特色风貌、非遗绝学、中国传统村落、传统民居、历史建筑、农业遗产、工业遗产、国家文化公园、非物质文化遗产、方言文化、少数民族特色文化等

（续表）

基地类型	评价要点
优秀文化传播基地	2. 准确把握传统历史与文化的深刻内涵，并根据文化载体的不同特点提炼出其独特文化品质特征：（1）提炼了诸如讲仁爱、重民本、守诚信、崇正义、尚和合、求大同的核心思想理念；（2）彰显出诸如自强不息、敬业乐群、扶危济困、见义勇为、孝老爱亲等中华传统美德。促进社会和谐、鼓励人们向上向善的中华人文精神
	3. 有教师与研学指导团队：（1）具有稳定的科研、陈列、宣教队伍，有10人以上研学业务管理与服务人员，指导专家、研学教师、导游服务、生活服务、安全保障等人员的配置合理，并有对其进行相应的评价与记录。其中至少2名具有教师资格证。指导专家、研学教师要深入理解我国传统文化内涵，具有传承传统文化教育的实力。（2）聘请有课程专家参与指导课程建设
	4. 开发了丰富的课程内容体系 （1）建设了完整的研学课程体系及质量标准。有整体的课程规划方案，对整合基地传统历史与文化课程资源有整体规划。方案中有具体的内容模块。每个内容模块下有若干主题，每个主题有详细具体的指导方案；每个主题开展具有探究性、实践性、体验性。 （2）准确把握传统历史与文化类研学旅行课程内容的方向。第一，深入阐发文化精髓。深刻阐明丰富多彩的多民族文化是中华文化的基本构成，着力构建有中国底蕴、中国特色的思想体系、学术体系和话语体系。第二，保护传承文化遗产。围绕加强历史文化名城名镇名村、历史文化街区、名人故居保护和城市特色风貌、传统民居、历史建筑、革命文化纪念地、农业遗产、工业遗产保护工作等开展系列主题活动。第三，融入生产生活。通过深入挖掘城市历史文化价值，提炼精选一批凸显文化特色的经典性元素和标志性符号，纳入城镇化建设、城市规划设计，合理应用于城市雕塑、广场园林等公共空间。挖掘整理传统建筑文化，鼓励建筑设计继承创新，推进城市修补、生态修复工作，延续城市文脉。加强"美丽乡村"文化建设，发掘和保护一批处处有历史、步步有文化的小镇和村庄。用中华优秀传统文化的精髓涵养企业精神，培育现代企业文化等，并将其巧妙设计进研学课程体系。第四，开展文化传承。围绕立德树人根本任务，开展"少年传承中华传统美德"系列教育活动主题开发，如系列绘本、童谣、儿歌、动画的创编活动等。加强中华优秀传统文化相关学科建设，重视保护和发展具有重要文化价值和传承意义的"绝学"、冷门学科。围绕重大革命和历史题材、现实题材等开发了丰富的课程内容

（续表）

基地类型	评价要点
优秀文化传播基地	5. 有丰富的组织开展的经验 （1）对应综合实践与劳动教育的活动类型与实施方式根据小学、初中、高中不同学段的研学旅行目标，有针对性地开发多种类型的研学活动，包括以社会科学研究方法为主的参观考察活动、以自然科学研究方法为主的观察实验活动等。并具有接待学生 500 人以上团队的经验与经历。（2）研学方式的采用：以主题探究为主要活动方式，避免单一听看或浅层次体验方式组织研学活动。同时，也与学校、其他研学基地建立了互动模式
	6. 有确保活动需求的基础设施 基地（营地）应确定、提供并维护相应的硬件、软件以及支持性的设备设施的管理，确保满足研学活动的需要。如：（1）有可容纳 500 人以上专门进行讲座与交流的报告厅；（2）有 10 个以上可供学生研学自由讨论、分组学习的功能区等；（3）（营地）有可供全员学生参与的动手制作的功能室；（4）有安全卫生的生活保障区域。可提供每次满足 600 人以上需求的休息、餐饮服务。（营地有提供住宿的宿舍）
	7. 有良好的研学环境 （1）应确保研学过程基地环境的安全、卫生、噪声等环境的管理；（2）有体现传统历史文化的环境布置

（案例提供：长沙市教育局）

三、基地课程学习

基地学习的本质是"实践"，包括如下内容：1. 工具性实践活动：工具利用、方法体验、技术体验；2. 交往性实践活动：人际沟通、倾听与互动；3. 社会性实践活动：社会考察与调查、社会参观与访问、社会参与与社区服务；4. 认知性实践活动：自然认知、社会认知、文化认知，形成对自然对社会对自我的整体性认识。

要发挥基地的作用，基地建设的理念、基地课程开发、基地课程实施显得尤为重要。下面，以笔者开展田野研究，指导某基地课程建设为例阐述。该基地开发了丰富的学校专题教育课程体系，内容设计、实施方式、评价方法均科学规范，并经过大量学校实操，建构了基地、学校互动模式，为学校、家庭、社会教育合力的形成，为教育实现全社会、全过程、全方位育人提供了典型经验，为农林类基地发挥教育功能提供了范式。

中国民族贸易促进会一乡一品产教融合全国示范基地
关于农业基地生态系统建构的做法与思考

中国民族贸易促进会一乡一品产教融合全国示范基地博庠文化园，坐落于长沙市望城区铜官街道，占地 18.6 万多平方米，距长沙市主城区 30 公里，东临长沙县，南接长沙市区，西至宁乡，北面毗邻湘阴、汨罗市。

2019 年该基地被评为长沙市研学实践基地。2021 年，它成为中国民族贸易促进协会一乡一品产教融合新农科技全国示范基地，并由中国民族贸易促进协会授牌。

基地为综合功能园区，基地本着建设社会主义新农村，留住绿水青山，发展绿色生态农业的责任感和使命感，通过多年的打造，建构了一个良好的农业生态系统，为农村绿色农业及生态系统建构提供范式。与此同时，随着我国教育改革的不断深化，建立立德树人、实践育人课程新体系的任务迫在眉睫。为实现教育"三全育人"的目标，将优质的教育资源纳入学生成长的过程，基地以习近平新时代中国特色社会主义思想为指导，全面贯彻党的教育方针，落实全国教育大会精神，以"生态产业、文化庄园、自然课堂"为理念规划建设，将"创新性、主题性、特色性、生态型、多样性、文化性、实践性、综合性"特征，整合到基地的生态环境建设与人文环境营造之中，并通过丰富多样的基地课程载体，打造一个以农耕文化与现代绿色农业为核心载体的，以综合实践活动为主要方式开展的自然课堂、文化课堂，建立一个整合研学、劳动教育以及各学科融合的专题化深度实践育人课程体系的典型示范基地，为发挥农田社会价值、发挥教育（劳动教育等社会实践教育）功能提供成功经验与典型范式。

（一）基地建设的理念与目标

《中共中央国务院关于坚持农业农村优先发展做好"三农"工作的若干意见》精神中明确提出，要加强农村污染治理和生态环境保护。博庠农业科技有限公司本着建设社会主义新农村，留住绿水青山，发展绿色生态农业的责任感和使命感，以博庠农业科技有限公司位于湖南省长沙市望城区铜官镇中山村 280 亩基地为依托，通过研究与实践，力图建构一个良好的农业生态系统，为农村绿色农业及生态系统建构提供范式，为发挥农田社会价值、发挥教育（劳动教育等社会实践教育）功能提供成功经验与典型范式。

就具体目标而言，该农业生态系统建设，旨在对农村田地及周边环境进行生态保护，打造一个具有示范作用的有机生态园区；将各类资源整合及循环利用，建构一个基于园区需要的综合、完整生态系统；发挥农业基地的教育功能，建设一个具有引领作用的研学与劳动实践、学生社会活动教育基地。

（二）基地生态建设的具体策略

1. 进行园区水土资源问题诊断

利用实验、测量、遥感等先进技术，完善园区土壤、山地、湿地、地表水、地下水等生态环境保护信息系统。通过系列考量，我们诊断园区的主要问题是：第一，水系统的问题：北面高地缺水严重，虽然有两口池塘，但缺乏相应的沟渠将池塘水注入土地，用于浇灌。南边高地积水现象严重，部分有沼泽，大都为较冷的地下渗水，不适合种植，中间农田靠沟渠灌溉，但沟渠与农田之间没有沟通的管道，部分农田中有深坑沼泽，每年旱季园区严重缺水，春夏之交，园区低处积水，导致农作物受淹受损。因此，如何合理开发利用水资源，是园区首先要解决的问题。第二，园区土地荒芜化严重，70%土地超一人高的杂木荒草丛生；同时，由于以往过度使用化肥农药除草剂，土地贫瘠化现象严重，土壤有机质含量严重缺乏，土层单薄，土壤板结，土壤出现酸化、碱化、沙化等。土壤肥力明显减退。因此，改良土壤资源也是园区环境保护工作所面临的重大问题。

2. 基于水土问题，确立生态保护方案

在问题诊断的基础上，我们确立了生态保护的原则和方案。首先，反思当前农业发展中的问题，过度追求短期野蛮获利行为，过度使用破坏生态产品，导致水源土壤及周边环境的损害，严重影响人体健康。

笔者认为，现代农业要遵循传统农耕文化应时、取宜、守则、和谐发展的原则。中国传统农业之所以能够在自然资源禀赋很差的条件下实现几千年的持续发展，是因为在农业生产实践中摆正了人与自然、经济规律与生态规

律的关系。一方面，我们吸取传统农耕文化之所长，在农业生产中做到"顺天时，量地利，用力少而成功多"，并一直秉承协调和谐的三才观、趋时避害的农时观、辨土肥田的地力观、种养三宜（物宜、时宜、地宜）的物性观、变废为宝的循环观、抑欲尚俭的节用观。另一方面，借助现代科技及管理资源打造新型生态农业基地，如规模化发展，新型管理模式与现代农业工具利用。在此基础上，我们确立了农业生态保护方案的基本思路：本着因地制宜、因时制宜、种养结合、资源循环利用的原则，实施种养结合资源互利的绿色发展模式。

3. 园区生态系统建构的具体措施

（1）循环利用，水资源的利用与保护。

1）地表水的利用与保护。本园区地形为：东高西低、南北高、中间稍低的地貌，中部有小溪横贯东西，将园区分为两部分，园区地表水源有9口池塘，其中，北部高地3口鱼塘，园区西部出口处1口荷花塘，中间田土区进门处1口月牙塘，尾部靠东边3口浅水池塘，南部高地1口池塘，虽水塘较多，池塘水没有水源，沟渠与园区没有管道沟通。为合理利用地表水，我们采取的措施：第一，引溪水从园区最高处入园，先注入东边浅池塘，然后水流随着梯级逐级下注，使得园区田地的沟渠有流水，保持土地湿润；并在园区农地出水口建立水量调节阀门，这样解决园区中心区域农作物种植供水。第二，合理利用池塘，使之成为蓄水系统，在干旱少水季节成为水能储备。第三，在园区建立机井管道系统用于园区灌溉，并对接于园区出水口抽水泵，那么就可以将整个园区水资源进行循环利用。如我们将园区的灌溉用水、多余雨水及地表水都汇集于地势最低处，并在此处扩大加深，使之成为有蓄水功能的荷塘。

2）地下水的收集与利用。园区通过挖井的方式，使之成为辅助性水资源，在园区铺设管道。我们运用地下水系统将水引到道路边的沟渠，自动灌溉路边树木，以保持水土湿润，让树根部自然吸收，节约了人工浇水的成本。园区自采取此方法以来，与去年同期比，节约浇树灌溉成本十余万元。

（2）土地资源的改良及保护。

1）土地的环保价值：变废为宝，土地的生态改良。

第一类，园区荒地：园区多年失修，田地杂木荒草丛生，有的杂木高达数米，荒草几米高。我们采取两步生态除草：第一步，人工打草机机械除蒿草。打出的蒿草渥堆发酵，用作肥料，同时培养饲料——昆虫；第二步，生物除草。由于除草机人工机械除草后，半个月后会迅速长出新草，为此，园区通过饲养鸡、鸭、鹅、羊等生物大军除新草，此时的嫩草及昆虫成为动物饲料，在节约饲养成本的同时，动物粪便还能成为园区土壤肥料。

第二类：园区林地：园区有几块松树林地，腐殖质土层较厚。其开发利用并改良的方法分为三步：第一步，腐殖土利用，如兰花种植以及还田作肥料；第二步，腐殖土再生，由于林地光照不强，腐殖质丰厚，有利于蚯蚓养殖，为此，在林地大量繁殖蚯蚓，可用于松土及鸡鸭喂养，同时动物粪便促进腐殖质再生；第三步，林地养殖，在林地进行土鸡养殖，主要食物为蚯蚓、杂草根、昆虫等，少量投食谷物、玉米。

第三类：园区湿地：园区有多处湿地，湿地具有生物多样性、调节温度的作用，我们将其充分保留与合理利用。第一步，人工机械打除蒿草，建立好湿地入水口及出水口的调节系统；第二步，用移动栅栏养鹅鸭除新草；第三步，利用湿地种植茭瓜、菱角、荸荠等水生经济作物。

2）土地的产出价值：种养结合。

本着抑欲尚俭的节用观，种养三宜的物性观，园区力图建构一种以种辅养、以养馈种的种养结合模式。

园区种植的谷类、玉米、蔬菜、瓜果，部分用于动物喂养，动物生物除草以及产出生物肥料还给土地，形成良性循环的生态循环。如，园区开展动植物共生关系实践与探索，构建生态链：鹅鸭池（粪便）—虾塘—鱼塘（用于生态喂养，有机质）—浇灌（肥水），形成生物链；池塘，四大家鱼分比例投放，园区种植草料喂养，用于市场销售，池塘种植水生植物，净化水源，保证鱼类的品质。

同时，园区开展农作物间作套种的实践。充分利用季节、土地、气候等条件，在农业生产上，根据农作物之间相生相克的原理进行巧妙搭配、合理种植，可以有效减轻一方或双方病虫害发生的可能，降低了农产品的生产成本，促进了农产品增产、提质、增收，保护自然生态环境。目前采取的生态套种方式主要有：马铃薯与大蒜间作抑制马铃薯晚疫病发生；大蒜间种白菜可减轻白菜软腐病（在大蒜行间栽白菜可使白菜软腐病减少 62.5%）；玉米间种南瓜或花生减轻玉米螟害（南瓜花蜜能引诱玉米螟的寄生性天敌——黑卵蜂，通过黑卵蜂的寄生作用，可有效地减轻玉米螟的危害）。圆葱与胡萝卜间作套种可互驱害虫（圆葱与胡萝卜各自发出的气味可以驱逐彼此的害虫）；大豆收集后种春榨菜，大豆根部的固氮作用，可为春榨菜提供充足的氮需求……

（三）研学与劳动实践课程建设与实施

在种养结合绿色发展模式的建构过程中，会经历多种项目和类型研究、探讨、实验、总结、建模过程，如蚯蚓改良与有机肥料改良的对比、昆虫的有机防治、植物共生关系研究等，需建立许多模型和中式，而这些研究和建立的模型，是当前学校劳动教育、研学教育最宝贵的课程资源。为此，必须发挥农村基地教育功能，并将其纳入我们的资源整合体系。在以农耕文化培育为理念的基础上，以农田生态系统建构源为核心领域建构课程框架。这些课程的开发，超越学科界限，以学生的需求及社会的发展需要为重点，整合更多的课程资源，倡导"以问题为驱动"的项目式学习和"以实践为重点"的体验式学习，全面构建跨学科、跨领域、跨组织的规范研学旅行课程体系。

1. 课程开发的思路

（1）长线项目与短线主题相结合。

基地课程设计围绕同一个主题，分别设计 1～5 天的课程，创新地将长线全课程项目学习与短线主题馆教学模式相结合，实现"面"的横向拓展，与"点"的纵向延伸。这样灵活富有个性的学习模式，不仅极大地调动了学生学习的积极性、参与性，并且充分利用和合理优化了基地的教学场地与教学资源。虽然学习的信息容量大，涉及区域广，但是松弛有度，灵动有序。

（2）学校、家庭、社会良性互动。

通过基地课程延展到学校、家庭、社会，形成教育合力，实现良性互动。既符合学校综合实践、劳动教育、研学实践活动开展，又符合亲子活动开展。

2. 基地课程框架设计

在课程内容体系构建上，以《示范性综合实践基地实践活动指南》为指导，以园区课程资源为核心，构建自然生态课程体系，在自然生态领域中，包括土地改良、生态肥料研制、病虫害生态防治、绿色健康生活探究四大模块，每个模块下多个主题，每个主题分若干项目。以下是自然生态领域下部分课程表。

自然生态领域研究课程表（部分）

领域	模块	主题	项目	适合年级
自然生态领域	土地改良	1. 园区土地实验室改良	（1）采集各类土壤样品 （2）制备各类土壤样品 （3）土壤中成分探究 （4）土壤实验室改良	小学至高中
		2. 园区土地改良实践	（1）蚯蚓观察与饲养 （2）酵素制作及微生物土地改良实验 （3）植物有机肥种植对比实验	小学高年级
	生物肥料研制	3. 自制有机堆肥	（1）有机堆肥的成分配比 （2）制作堆肥箱 （3）堆肥发酵防臭抑菌研究	小学－高中
	生态病虫防治	4. 做植物医生——生态防治植物病虫害方法探究	（1）植物间作套种灭虫	小学
			（2）自制灭虫神器——灭虫灯 （3）自制环保杀虫剂 （除虫菊、大蒜等植物水浸液提取）	初中
			（4）赤眼蜂生态治虫实验 （5）虫害蔬菜提取液防治蔬菜虫害的探索	小学
	绿色健康生活	5. 生态植物染料	1. 寻找植物染料 2. 培育染料植物	小学
			3. 实验制取艾蒿绿 4. 探究变色高手花青素	高中

此外，课程还延伸至传统文化领域中，建构包括节令文化，与园区植物、小昆虫相关的传统技艺；园区栽种中药相关中医药文化课程；老种养育及绿色自然种植与传统农耕文化、动物养殖与生态循环课程五大课程模块。采用"领域—模块—主题—项目"四级模式构建基地课程内容体系，满足从小学、初中、高中所有学生的研学需求。

3. **课程场景：与课程相关的各类场景与实验对比中式**

基地围绕核心领域的课程设计，打造了一个自然生态特色核心生态农业园区，共计山地、林地、田地近20公顷，5栋主题场馆、数十个课程场景，这些场景主要包括室内课程场景、田土间课程场景、养殖点课程场景等，如田间课程场景结合主题建设各类小范围对比实验中式，如使用有机肥种植的对比实验，如土壤生态改良对比实验，等等。

此外，配套多种网络资源与云课堂，如每个主题认知面把握的相关知识，活动过程中的方法论知识以及过程中的指导规范，都建设网络资源，上传云课堂。

4. **课程实施：与学校综合实践活动、劳动实践教育活动整合的实施模式**

课程在实施过程中强调"融合"，注重"实践"，突出"开放"，关注"过程"，提倡"自主"，积极关注学生的经历体验，促进学生综合素养的提升；落实活动过程，促进课程的常态化实施；不断优化教师指导，努力提高课程实施的有效性。

（1）实施主题单元的项目劳动活动。

基地将一个个看似分割的课程模块与项目，用一个个鲜活的项目主题进行串联，打破学科的界限，打破知识的分离，甚至打破家校社界限，实现课堂既有资源与生成性资源、国家课程与基地课程的有效整合。通过这些项目主体的串联，引导家庭、学校、社会教育力量的整合。

（2）实施"以实践为重点"的体验式学习。

在落实项目化教学的过程中，我们以实践为重点，以体验式的学习方式建立孩子与生活之间的联系。课程实施方式突出五性：突出实践性，即综合实践的实践方式；挖掘层次性，每个主题研究指向多个层面；坚持探究性，每个主题经历一定的研究过程；体现创造性，每个主题指向具体问题解决；

强调主题性，围绕一个主题开展系统探究。

5. 评价：基于过程与表现为主的档案记录与及时在线展示评价

基地课程将以过程评价为主，尝试"作品评价"。综合运用以下几种评价方式：

（1）档案袋评价方式。收集反映活动的全过程材料：活动计划、活动记录、调查表、出勤登记表、实验记录表或调查记录表、原始数据、学习体会、日记等与活动有关的文字、图片、音像资料。

（2）成果展示评价方式。通过学生的小论文、研究报告、研究过程性材料、展示性表演、模型、设计方案等成果，对小组或个人作出评价。

（3）即时网络在线展示。通过将活动过程和活动成果上传网络资源平台的方式进行展示性评价。举例：一个生物小组除在园区进行研究外，随时可通过网络对研究对象实施网络视频观察分析，使之成为高效低时的研究课程。

四、基地建设的价值分析

（一）园区的生态环保价值

园区采取生态种养方式，进行耕地质量保护，保障农产品的安全性。进行水系改造、土地改良，土地生态维护，防止水土流失，耕地沙化、盐碱化、贫瘠化等，实现耕地环境保护。

环保具体体现：如，本园区因不使用杀虫、除草剂类药品，鸟类品种繁多，松树林没有松毛虫害。

园区的生态理念及实践行动，引领村民及周边人群逐渐意识到了生态系统的真正价值，开始关注生态系统的现状，逐步让生态环保思想成为社会生活中的主流文化。如，园区人工机械除草的举措，带动了中山村周边的村民除草行动。如此人人起而力行，构建全社会共同参与的环境治理体系，整个社会的生态文明水位就一定能不断提升。

通过研究种养结合、绿色种养的生态农业园区运作模式探究，积累了宝贵的经验，建构了系列基于园区实际的生态系统建构模型，包括生物链建构模型、植物共生关系模型、套种套养模型、虫害生态治理模型、水资源循环利用模型、土地改良模型、生态除草模型、绿色养殖模型、农业教育功能模型等等，重塑了生态文明生活方式，将"绿色"理念根植于人们日常工作、生活消费的点滴之中。

（二）园区产出的经济价值

基地产出经济价值主要包括经济作物种植、生态养殖两大类。种植作物包括蔬菜、瓜果、粮食、杂粮、油菜等，养殖包括水产养殖、家禽养殖等。

由于良好生态系统维护，土地产出实现可持续增长，虫害逐步减少。如，由于生态环境改善，园区鸟类众多，因而松树及果树林未发现虫害现象。这样既提高产量，又降低人工成本。

与此同时，由于产出的作物、养殖动物均为绿色有机产品，价格优于同类产品，逐渐形成了固定的消费群体。

（三）基地的教育价值

园区的生态系统建构体系，均基于实际问题解决，分成若干系统，每个问题、系统解决形成过程中，经历完整的探究过程，并建构了系列模型，形成丰富的场景、实景，这些为学校劳动教育课程、生物课程、科学课程、综合实践活动课程（含研学旅行）等提供了丰富的课程资源、内容、情景、场景，是新时期立德树人、实践育人课程体系实施的良好课程载体，为农林类园区如何发挥教育功能提供了良好的资源。

【案例分享】

多场景赋能　全联动成长
——湖南省岳麓实验小学劳动教育校外场景建设思考

关于我校劳动教育校外场地建设的相关思考，主要包括实施背景、实施情况以及实施成果三个方面。

一、实施背景：劳动教育校外场景建设现状

劳动教育是中国特色社会主义制度的重要内容，直接决定社会主义建设者和接班人将来的劳动精神面貌、劳动价值取向、劳动技能水平。为了发挥

它独特的育人价值，需要构建劳动教育课程体系，开展劳动实践活动。然而，在实施过程中因为城区学校学生人数多、面积小，缺乏专门的劳动场地和场景，给劳动教育实践带来了很多困难。

《义务教育劳动课程标准（2022年版）》对不同学段学生的农业生产劳动场地提出了不同要求。课标还指出：劳动课程资源是实施劳动课程的必要条件。学校应与家庭、社会协同进行课程资源的开发，积极整合和利用各种形式和类型的资源。劳动课程资源开发与利用应坚持以核心素养发展为导向，紧密结合地方经济文化和学生生活实际，满足劳动教育教学的实际需要。

针对如上问题，姜平教授提出：要进行校内外劳动教育场景建设，以校内外主题场景为依托，完善硬件配置，丰富活动样式，综合育人，补齐实践育人短板。

学校在综合实践活动课程建设过程中，学校开发了序列化、体系化的花果香课程。在课程不断开发和完善的体系化建设的过程中，我们发现，虽然已经开辟了校内实践场地——香乐园，但还是需要开辟校外场景，支撑完善课程体系。我们认识到不光是课程要无边界，课程实施的场景也要无边界，构建真正的联动育人、实践育人场景。

作为长沙市基础教育国家级优秀教学成果推广示范校，我校在姜平教授的指导下，把劳动教育纳入人才培养全过程，充分挖掘新时代劳动教育内涵，因地制宜拓展劳动教育空间，对学科课程资源、区域课程资源和校本课程资源进行深度开发，重构整合，建立系统化、序列化、内容丰富、形式多样、体现学段贯通、指向核心素养的课程资源架构。一方面，在校内因地制宜开辟劳动场所，另一方面在学校周边寻找社会劳动实践基地，积极开发劳动教育资源，着力构建体现艺术性、科学性的实小"多场景　全联动"式劳动场景，实现场域赋能，达成以劳健体、以劳育美、以劳树德、以劳启智、以劳怡心的学生培养目标。

二、实施过程：学校劳动教育校外场景建设的构建

经过姜平教授、周泉老师多轮的细致指导，我校聚焦"花儿朵朵、果实累累、香气飘飘"三个模块，建构了多场景的劳动教育课程体系。同时挖掘家庭和社会资源，搭建劳动实践的场景，获取劳动实践的技术和资源，构建家、校、基地、社会四方联动的模式，形成劳动育人的合力。接下来，我就学校劳动教育校外场景的开发过程和策略与大家进行探讨。

（一）精准选择校外劳动基地：开发全领域劳动资源

课标指出：社会劳动实践基地的设立要充分考虑学生劳动的特点，兼顾劳动场地的规模及劳动项目的适切性，分类设立，满足不同学段学生的劳动学习与实践需求。经过多方遴选，我校联合博庠文化园作为校外劳动实践基地。

博庠文化园是教育部第三批审批的研学实践基地，坐落于长沙市望城区铜官街道中山村，地理条件优越、自然环境优美，交通通畅便利，文化底蕴深厚。以"生态产业、文化庄园、自然课堂"为理念规划建设。园区分为农业种植区、水产养殖区、果木种植区、中草药种植区、小动物养殖区、野外生存训练区、茶文化体验区、生态大棚研学区。园区距离学校车程适宜，课程资源丰富，师资力量强大，是优秀的劳动教育校外实践场地。

（二）招募小小农场主：催生劳动意识自发性

我校联合博庠文化园开发了十六块沃土作为学校的劳动实践基地，面向全校一到四年级学生发出"小小农场主"招募令，要求以班级为单位申领土地。招募令在公众号一经发布，各个班级群就展开了激烈的讨论，如何申领成功，需要哪些知识储备，后续可以利用土地种些什么、做些什么，等等。课间、放学后的小队活动大家都有了共同的探讨话题，劳动意识在这些积极的探讨中自然发生。随后，几乎所有一到四年级班级均踊跃报名。

（三）梦想之田竞标会：促进劳动实践序列化

最终，我们根据学生与家长、老师的自愿参与率和初步种植规划进行筛选，筛选出 11 个班级参与梦想之田竞标会。11 个团队，11 场形式多样、精彩纷呈的汇报，孩子们共同创造了一个理论与实践相互交融的精彩现场，讲述着他们在学习实践中的探索。各班根据各自的规划成果，初步研究了解合适的香料植物，如何种植、如何养护、如何提取、如何制作、如何包装，设想之周密、思路之清晰令人惊叹：有的班级讲述他们在香乐园的梦起梦落，意在制作一款名为"天使之吻"的爱心香薰皂，送给抗疫一线的"医护妈妈",拳拳心意,感人至深;有的班级精确到每位项目成员分工,融入学科教学,同时项目延展思考很有考究价值;有的从生活实用性出发,创新改造,令人耳目一新;有的分小队探究成果并一一展示,充分体现了团队合作力量;有的通过手绘思维导图将探究展望进行呈现,更以趣味问答形式明晰了自己的职责任务。

学生们自主探究,在竞标会的准备过程中团结协作,他们展示出来周密的劳动种植规划,清晰的创想思路,激烈的小队探讨,明确的任务分工,强大的顾问支持,睿智的语言表达,让劳动实践的序列化初现。

(四)前置课程蓄技能:催生系统式学习

经历是最好的学习,蓄能是最美的绸缪。活动开启前,学生们在各科老师的带领下,参与了和本次劳动活动相关的前置课程,分别是语文课、科学课、综合实践课和美术课,实现了学科的融合、交织和渗透。

语文课上,老师统筹整个活动的进程,与学生商讨本次活动需要分阶段准备什么,留下哪些必要的学习印记,也就是收集相应的过程性资料,例如:专家指导、下地调研、找木头、找缸的过程需要存留下来。

科学课上,科学老师带领孩子们逐一认识香料并讲授土壤种植、培育及改良相关方法,商定种植品类,同时还给出一些很微小但也很有必要的种植建议,例如:浆果类的草围边、旁边要留出堆肥的地方。让学生做到因地制宜,因时制宜。

综合实践课上,老师带领学生进行分组,明确成员的职责并完成活动的策划。孩子们遵循农时和自然规律,设计香料种植时间表。

美术课上,老师指导学生进行劳动场景设计。师生一起购买物资,设计主题,思考用爬藤、篱笆等装饰农场。在这里,我们还采取了"大场景小模型"的方法,利用彩泥沙盘,复制了校内香乐园的微场景,实现了校内校外的多场景互动。

就这样,通过四种分阶段进行的前置课程,以期让学生对劳动实践活动有了一定的了解,催生学生系统立体全景式的劳动知识构建。

(五)"双移"启动:劳动实践常态化

行是知之始,知是行之成。为了让同学们亲近大自然,亲近土地,去了解去体验劳作，找寻劳动的乐趣；也为了积极响应教育部今年新发布的《义务教育劳动课程》的精神，以劳树德，以劳增智，以劳健体，以劳育美，学校举行隆重的授牌仪式和移苗"双移"启动仪式。希望同学们在劳动实践研学之旅中研有所思、学有所获、旅有所感，极大地提升学生的劳动幸福感和自豪感。紧接着将"生态小农场"的牌子授予班级代表，这既是一份荣誉，也是一份沉甸甸的职责。和着柳荫深处抑扬顿挫的蝉鸣，捧着从校内基地"香乐园"移植过来的绿苗，满满期待的劳动研学之旅正式开启研学基地篇。

本次启动仪式，最大的亮点是种下的第一株幼苗是从实小校内移植过来的，寓意着鲜活的劳动教育来自校园，而小实子们热爱劳动的意识已从校内延伸到校外，联动家庭和社会，以劳动培育理想，以劳动发展本领，以劳动历练担当，实现劳动教育常态化，打造新时代的幸福劳动娃，也沉淀了一种成长的智慧。

（六）趣享种植劳作忙：全联动式场景建设

隆重的启动仪式后，学生分批走入基地，开始了校外劳动之旅。

1. 植物扦插学习

在博庠农业科技园里，教官细致地讲解了薄荷、金银花的功效，耐心地教孩子们如何进行薄荷、金银花的扦插。了解了扦插的知识，孩子们动手实践，选苗、剪叶、浸泡、扦插……渐渐摸索出门道。将一株株植物扦插进土里。

2. 香食制作学习

做薄荷糕、藿香糕，薄荷扦插、金银花扦插等活动，孩子们兴致盎然，迫不及待地动起手来。虽然，第一次尝试，孩子们会出现把水加多了，把制作消暑糕的粉和稀了，但在教练、老师和家长的悉心指导下，筛粉、加水、和粉成团、倒模……同学们配合默契。

看着成型的消暑糕和扦插到地里的薄荷、金银花，孩子们在劳动中感受到收获的快乐和满足。

3. 实践种植，生态农场初成形

孩子们通过扦插学习与实践，初步掌握了植物扦插的方法，各班开始根据前置课程的规划和班级劳动场景设计，开始将从学校香乐园移植过来的薄荷、茉莉、香茅草等移植进各班的土地里，根据植物对阳光和土壤的需求，将植物套间种植。有的班级设计了有趣的土地门牌，有的班级用竹子给植物编制了环保栅栏。

4. 日常维护，全联动式建设场景

研学种植是场景建设的开始。我们进行家校社基地全联动式的场景建设。种植之初，8 个班级就制定了轮值排班表格，确保每月每周都有小队前往基地进行种植维护。维护场景建设方面，家长们八仙过海，各显神通，为土地装饰各出奇招：整理竹子制作篱笆等。对于日常维护，我们编写了"关于暑期生态小农场植物维护的几点建议"，同时设计"岳麓区实验小学生态小农场班级值日排班表""生态小农场维护记录表"，各班以小队为单位，组建日常维护小分队，统一规划维护时间、维护内容、维护目标等，每次去维护时填写好记录表，详细记录参与人员、维护时间、作物情况记录、照片以及给下一个小队的维护建议。

三、实施成果：花果飘香，多元成果助成长

1. 打造灵动多变的种植劳动场景

以"主场景＋分场景"，这些场景来自校园，而又延伸至校外。建立岳麓实小生态农场，"认领一块地"，成为小小农场主，已成为孩子们朴素的劳动意识。在这块生态农场，你会看见实小吉祥物构建的创意场域。"格润""美美"两个吉祥娃圈画的一块广袤的土地，寓意着师生们将徜徉在这块幸福美好的土地上，感受劳动的如画美景和快乐。同时，在主场景中，还有各班认领的分场景，每一个班级都用心设计自己班级特色的专属农田，例如 1813 班用竹子围成的"悠然田园"，有 2117 班用风车装饰的"梦想乐园"，有 2016 班用白色栅栏编织成的"纯美世界"……所有场景的布置都采取"旧物回收利用"的方式，节能环保，充满创意。

2. 构建多层次的劳动成果呈现场景

如六一儿童节游园会上，各班将在校内劳动场景——香乐园中种植出来的香料成果，精心制作成产品进行售卖。三年级学生售卖香包、香饰、香食，让人一看就忍不住想收入囊中。四年级纯手工酿制的香薰香气袭人，每

一滴香精都是孩子们用仪器蒸馏出来的，纯天然无添加，是孩子们的劳动所得。还有一款名为"天使之吻"的爱心香薰皂，送给抗疫一线的"医护妈妈"，也少量出现在当天的售卖摊位上，赠予为主，售卖为辅……在劳动场景实践系列活动中，让孩子们学会劳动，热爱劳动，懂得感恩，常怀感恩，拥有坚定的理想信念、健全的意志品质，开启不一样的成长模式，创造美好生活。

3. 实施丰富多元的劳动评价

结合学校五心评价体系，构建由"过程性评价＋成果评价"两个层面，"技能评价＋情感评价"两个维度进行综合性评价，针对劳动项目学习和劳动素养设计对应的评价指标，开展自评、互评记录成长，使得评价内容具体清晰。

就这样，我校立足学生的全面发展，把劳动素养作为一个健全个体不可或缺的重要素养，依托博庠实践基地，全方位发挥"课程、活动、环境、协同"在劳动教育中的育人功效。

（案例提供：湖南省长沙市湘江新区岳麓实验小学　吴静）

专题六
综合育人理念与学校教学方式变革

长期以来，教师头脑中早已形成了以课堂教学、学科、教学内容、教学改革、教学大纲等一系列教学语词为主的话语方式与思维方式，而缺乏课程改革、课程标准、课程实施、课程开发、课程发展、课程结构等概念。如，每年的课题申报选题，各校的研究重点大都集中在有效课堂教学、某某教学方法研究等方面，可见教师重点关注的仍然是课堂教学方法的改进，而不是整合、重新建构课程。教师课程意识的缺乏，影响了学校课程建设与课程文化的变革。

笔者自 2016 年开始，开展综合实践劳动教育项目引领下学校课程文化变革模式研究。第一，重建学校育人价值，树立全面育人的价值观。第二，重组学校课程结构。学校课程进行结构性重组。加强课程内容的整合，认真分析课程中部分重复、交叉、割裂的内容。第三，变革课程实施方式。颠覆传统意义的以课堂为中心的教学方式，呈现出多样化态势。学科教学，要逐步构建主题化教学范式。第四，重塑学校课程文化。

当前的课程实施方式，仍是以传统的课堂教学为主。学科思想、学科方法、学科能力、学科经验呈现出"结构性沉默"的现象。课程实施中"面向生活、贴近学生、注重实践、开放多元"的课程特质缺乏充分体现。为此，成果推广中，确立了"引领学校课程文化变革"模式。本模式拟先在湖南省长沙市岳麓区博才白鹤小学取得样本的基础上，于 2022 年在长沙市选点推广。

一、教学与学习方式变革模式实施要求

首先，制定教学与学习方式变革的具体要求，再与学校研讨落实。

1. 学校在劳动教育常态实施的基础上，将综合实践活动理念与教学学习方式运用于学科课程教学之中。

2. 建立学校教学方式变革的相关保障制度。如合作研究制度。

3. 开展基于专题化教学的研究，开发了典型课例。学科教学突出专题性、综合性特征。

4. 每学年开展相关专题的开放活动。向其他兄弟学校、家长、社会宣传。

5. 学校学科教学体现实践性特征，有与综合实践、劳动教育、亲子活动整合的，既体现学科特色，又具有实践探究性的典型案例。

6. 形成多方资源整合的教学机制。

二、教学与学习方式变革模式实施策略

教学与学习方式变革模式实施策略，主要分三步。

（一）重组学校课程结构

学校要形成自己独特的课程结构模式，对学校课程进行结构性重组。树立起国家课程、地方课程、校本课程一体化的理念，以国家课程为基础，将三者作为一个系统来整体设计，加强课程内容整合，认真分析三级课程中部分重复、交叉、割裂的内容，以克服课程资源不足或浪费的问题。一些学校开展课程整合改革的实践证明，课程整合是解决各学科课程存在的割裂和对立问题的有效举措，也是打破学科界限、加强学生综合能力培养的重要途径。

【案例分享】

践行环保从植物开始主题课程框架

模块	项目（按照开展顺序排列）		
	类型	名称	操作流程
植物能美容（一、二年级）	科学	认识常见果蔬	认识常见的果蔬，如：芦荟、黄瓜、苦瓜、丝瓜、香蕉、柠檬、柚子等，撰写形式多样的观察记录
	德育活动	果蔬辨认小达人	校园吉尼斯节中设置对应的挑战项目
	科学	精油护肤的秘密	初步探究精油护肤的原理，做水和油对比实验。
	班队活动	我为亲人做护肤	为妈妈制作各种植物面膜，为爸爸制作植物眼膜，为爷爷奶奶制作植物手膜，和妈妈爸爸爷爷奶奶进行亲子互动，进行感恩实践活动。（面膜：芦荟、黄瓜、苦瓜、丝瓜皮、香蕉加牛奶、柠檬加蜂蜜；眼膜：用过的茶叶敷眼睛；手膜：柚子皮等）
	语文	我是小记者	采访指导课，简单访谈亲人和同学，主题：植物面膜、眼膜、手膜使用情况、感受及态度。
	美术	表情包设计大赛	体现亲人在使用植物护肤品前、中、后的表情变化
	心理健康	爱我你就夸夸我	孩子们扮演植物护肤品互相夸赞
植物善洗涤（三、四年级）	综合实践	主题确定	先体验和调查已有洗涤剂的使用情况和优缺点，再调查、制作和体验植物洗涤剂，画出、写出、说出小收获。（洗发剂和洗衣剂：皂角、茉莉、芝麻秆；水果清洗剂和洗碗剂：淘米水、酵素；牙膏：草灰）
	科学	酵素的制作	初步探究制作酵素的原理，做二氧化碳气体检测实验，创作主题生物笔记
	科学	淘米水解密	探究淘米水清洗水果的秘密，做淀粉鉴别实验，进一步认识免洗洗发剂，以科学漫画形式撰写实验记录
	综合实践	制作艾草产品	了解艾草—制作艾绒（简单炮制）—制作艾草香皂、艾条、艾草香包、艾灸包等

（续表）

模块	项目（按照开展顺序排列）		
	类型	名称	操作流程
植物善洗涤（三、四年级）	美术	DIY 艾草产品包装	设计和制作艾草产品包装
	语文	说唱艾草写作	说唱艾草的歌词撰写
	音乐	说唱艾草	说唱艾草配乐
	数学	艾草产品售卖	艾草产品成本计算、市场调查、定价估算、利润汇总等
	德育活动	爱心跳蚤节	销售艾草产品
	美术	植物洗涤诞生记	简单绘本创作，从现在使用的洗涤剂到自制植物洗涤剂再到畅想未来的超级洗涤剂
植物会治疗（五、六年级）	综合实践	主题确定	先调查人类、常见动植物患病时使用的药物，分析其优缺点，对环境的影响。再调查和初步体验用植物做药物治病，进行对比分析，画出、写出、说出小收获
	科学	做植物的小大夫	就某一农场中某种植物出现病害为背景，探究治疗方案并实践（植物间相生相克的关系、植物间种和套种、食物网等知识运用）
	科学	做动物的小大夫	就某一鱼塘中某种鱼类出现病害为背景，探究治疗方案并实践（显微镜下水质监测、食物网等知识运用）
	综合实践	小大夫行医记	策划一次"小大夫行医记"研学旅行活动。走进中药房、中医药大学、岳麓山等，通过访谈、实地考察、实验、观察等方法，尝试运用常见中草药，如：马齿苋、薄荷、金银花等，通过炮制、配伍等方法治疗常见疾病，疾病包括：上火、积食、感冒、腹泻、头晕
	信息	制作宣传片	制作"小大夫行医记"研学宣传推广片，视频的拍摄和简单制作指导课
	美术	植物环保超人	设计创作漫画人物
	德育活动	六一儿童节	植物环保超人 T 台秀

（案例提供：湖南省长沙市岳麓区博才白鹤小学 余忠萍）

（二）变革学校课程实施方式

随着课程内容的结构性重组和教学内容的不断丰富，学校课程实施方式也需要一个程序再造的过程。这种程序完全颠覆传统意义的以课堂为中心的教学方式，呈现出多样化态势：家校一体化、学生基地、无班级教学、小班化教学、翻转课堂、远离校园的基地学习、微课、实践学习、动手做、研学活动等。一位教师总结了"主题化教学"的基本范式是：引入主题阶段→自主探究阶段→拓展应用阶段。旨在以学生主动建构的学科主题活动为主线，以问题为切入口，以问题的提出和解决为中心，开展以自主学习为主要方式的开放性的主题学习活动，在主题学习活动的过程中动态生成综合性知识，改善学生的学习方式。

【案例分享】

"笋芽儿"跨学科整合设计

"笋芽儿"课例是一堂二年级跨学科整合课，授课时长 60 分钟，整合学科有语文、美术、音乐和数学。

一、整合设计教学内容

我们以年级组为单位，一起研读二年级下册各学科的教材，发现语文第一单元有一篇文章为《笋芽儿》，音乐第一单元歌表演曲目为《小春笋》，它们都有共同的主题——笋。我们继续探索，发现美术第 9 课《动漫亮相》和数学《第一单元　数据收集整理》具有较大的整合空间。因此，通过研讨梳理，我们确定了"笋芽儿"这个专题。我们多次集体研讨，对这四个学科的教学内容、课标要求以及相互之间的连接点进行了深入探索，设计了"教学框架表"。

1. 语文。《笋芽儿》以生动活泼的语言为我们介绍了笋芽儿的生长过程。从中我们可以感受到特点鲜明的笋芽儿形象。其对应的课标要求为：阅读浅近的童话、寓言、故事，向往美好的情境，关心自然和生命，对感兴趣的人物和事件有自己的感受和想法，并乐于与人交流。语文课堂分析、概括笋芽儿的形象特点，可以为美术课的动漫形象设计提供依据。

2. 美术。《动漫亮相》一课的教学内容为：了解、认识动漫艺术形象的创作特点，尝试创作或者临摹一个动漫形象。其课标的要求为：采用造型游戏的方式进行有主题或无主题的想象、创编、表演和展示。美术课堂可以将语文课堂感悟到的笋芽儿形象进行具象化表达。

3. 音乐。《小春笋》一课要求掌握三拍子的节拍规律，在歌曲表演中体会音乐旋律的特点。其课标要求为：能自然、有表情地演唱，参与其他音乐表现或即兴创作活动。音乐课堂上学生可以佩戴好美术课上制作的头饰进行表演，入情入境，升华情感。

4. 数学的教学内容为：掌握投票规则、统计方法，选择合适的方法对数据进行统计、整理。前三堂课可以为数学课堂提供数据样本，数学课堂可以为孩子们的创作提供评价。

二、整合设计教学目标

1. 了解笋的生长过程和个性特点，认识卡通形象的艺术特点与设计方式，激发学生运用所学到的方法创作有个性的竹笋形象。

2. 在歌词创编、音乐律动表演、演唱中掌握三拍子节奏规律，培养团队协作精神，感受笋芽儿奋发向上的精神，学习笋芽儿乐观向上，积极进取的人生态度。

3. 巩固数据的收集、整理和对统计表数据进行分析的相关知识，通过小组合作、练习操作等方式，学会选择合适的方法进行数据统计，并能熟练地根据表内的数据进行简单的分析。

4. 培养学生对知识的灵活运用能力，让学生感受各科知识在生活实际中的广大用途，提高学生综合探究的兴趣和能力。

三、整合设计

1. 前置课程

孩子利用假期进行观笋、挖笋、画笋、尝笋等一系列活动，对笋芽儿有了一定的直观经验和感性认识。

2. 课堂教学

这堂课以笋芽儿去参加动漫派对为主线，由语文、美术、音乐、数学四位老师轮流执教。

首先由语文老师出场设置情境——笋芽儿要去参加动漫派对，必须做好两个准备：一是设计有个性的服装，二是准备一个能展现个性特点的表演。为美术课的形象设计和音乐课的歌曲表演做好铺垫。然后老师引导孩子们从文本中概括出笋芽儿的形象特点，启发孩子们为不同特点的笋芽儿编写诗歌，为音乐课的歌词创编做好准备。

美术课堂上，老师先引导孩子们掌握动漫创作的方法，再组织孩子进行自主创作，突出笋芽儿的个性特点，最后请孩子上台展示自己的作品，并交流创作意图。

接着引入音乐课堂。老师先通过一系列的节奏游戏，引导孩子们掌握三拍子的节奏。再通过学唱旋律，掌握小春笋的旋律特点，并启发孩子们用自己编创的诗歌为歌词演唱旋律。最后，引导孩子在旋律中加入动作，配合乐器，进行综合表演。

最后进入数学课堂，引导孩子对合作小组在前三堂课上的创作进行投票，通过分析整理数据，评选出三个奖项，对学生进行多元评价。

我们力求使整个课堂环环相扣、层层推进、两两呼应，成为一个有机的整体。

3. 后拓课程

我们还设计一些后拓课程，如：编写《笋芽儿成长故事集》，制作与笋芽儿有关的手工作品，将孩子们引入更广阔的探索世界。

（案例提供：湖南省长沙市岳麓区博才白鹤小学二年级组）

（三）重构学校课程文化

在深化教育领域综合改革的大背景下，学校必须进行课程文化的重构。如上所述，学校课程文化重构，主要从四个方面入手：第一，设计学校课程体系，从不同维度探讨国家课程、地方课程、校本课程等不同类型的课程结构。研究其与学校育人目标、学校社区资源、学生需求之间如何进行整合与整体建构。第二，在国家课程基础上，研发学校课程标准。学校将国家课程标准作为基本依据，根据本校的育人目标、课程结构、实施方式等实际情况，研发本校的课程标准，规定各门课程的性质、目标、内容框架、课时比例，提出实施和评价建议、管理办法。第三，确立学校课程实施路径。学校要对课程实施方式进行程序再造，尽量将课程实施方式多样化，并重视实践育人的价值，避免单纯将课程实施理解为课堂教学，片面将重点放在研究课堂教学、改进课堂教学方面，要根据不同课程内容、同一课程内容不同阶段采取多样的课程实施方式。第四，构建学校课程评价体系。学校要周期性地对学校课程执行的情况、课程实施中的问题进行分析评估，不断调整课程内容、改进课程管理，形成课程不断革新的机制。

在笔者指导的示范校中，将劳动教育综合育人的理念项目化学习的方式运用在学科课程教学之中，开展了学习与教学方式的变革研究。学校的变革呈现可喜态势：一是学科教学方式发生变革，开展学科内专题化系统设计、跨学科专题化模块设计；二是教学方式变革引领学校课程文化变革；三是在学校课程文化变革基础上，形成家校社联动育人机制。学校做法主要分三步：第一步，制定本学科教学目标；第二步，根据教学目标重新梳理教学内容；第三步，整合教学内容进行主题化教学。在此基础上，开展跨学科整合专题设计。学校成立年级组，设年级组长，同一年级的教师集体备课、研讨，找出学科间重复、交叉的部分，然后确定专题化教学主题并实施教学活动。由于本专题研究另有专著出版，在此不做赘述。

专题七
学校劳动教育课程实施管理与评价

由于劳动教育实施，势必带来教育行政部门及学校制度文化的重建与管理评价的改革。其中，制度建设涉及教育行政部门，学校两个层面。其中劳动教育课程评价主要是学生发展性评价研究，包括劳动教育评价的原则、标准、方法的研制。

一、把脉劳动教育实施基本现状，明确管理具体问题

为明确劳动教育管理方向，制定具体有针对性的劳动教育管理评价方案，笔者于 2020 年 4 月开展了长沙市劳动教育实施情况调研，问卷调研对象覆盖 10 个区县（市），兼顾地域因素，各地抽取 1 所小学、1 所中学为样本，全市范围内共抽取 20 个。各样本学校对应年级学生完成学生卷、教师卷，分管副校长组织完成学校领导卷、家长卷。截至 2020 年 5 月 25 日，本次调研全部回收学校问卷、教师问卷、学生问卷；征集到各地报送的典型经验 10 项，调研组实地考察学校 3 所，小学、初中、高中各一所。

本次调研，从学校活动的组织实施现状、学校及教师理念的把握、学校课程资源的开发与整合、学校课程体系及评价指标体系构建、学校实施方式、教师意识及理念、学生实践经历和能力评估、学校推进的保障和支撑条件八个维度，结合调研数据进行了现状分析。

在调研中，首先，我们了解到学校、教师与家长对劳动教育的价值有充分认识。教师普遍认识到劳动情感、劳动态度、劳动习惯、劳动精神、劳动观念培养的重要性。养成尊重、热爱劳动情感的认同率达 80.02%，树立积极劳动观念的认同率达 85.9%。其次，学校劳动教育推进的路径与国家要

求的劳动教育途径基本一致。学校问卷数据反映，学校推进劳动教育的课程路径，在综合实践活动课程中落实占 80.68%，在学校日常活动中落实占 68.05%，在劳动与技术（通用技术）课程中落实占 45.20%，在其他各学科课程中渗透占 30.05%，在研学旅行活动中渗透占 12.07%。从对应课程来看，综合实践活动、通用技术课程是学校组织劳动教育的主要课程路径，部分学校还能积极开展学科渗透工作。学校重视在日常活动中落实劳动教育。数据显示，学校组织学生开展校园劳动达 90.27%，学校值日达 81.70%，社区志愿活动达 80.02%。

然而，对照新时代背景下劳动教育课程实施的要求，传统的劳动教育仍存在诸多问题。

（一）劳动教育类课程课时挤占严重

调研发现，学校课程仍以学科课程为主，并未开齐开足综合实践活动课程、通用技术课程等实施劳动教育的主要课程。2020 年，学生参与劳动课程、综合实践活动课程为 18.50%、通用技术课程为 13.39%，劳动教育课程以及与其密切联系的综合实践活动、通用技术等课程严重存在课时被挤占的现象，且初中、高中学段这一问题更为突出。

（二）学生创造性劳动开展显得不足

调研发现，学校开设的劳动实践教育缺乏主题，单纯技能训练倾向明显，学生日常劳动教育的任务多停留在简单的卫生、厨艺、植物种养，职业体验类、设计制作类、问题解决类的劳动活动参与少，缺乏整合。单一技术性劳动教育为主，缺乏创造性劳动教育与整合性劳动素养教育、探究性劳动实践教育是当前劳动教育的主要问题。

（三）劳动教育的运作机制有待完善

劳动教育的推进需要学校有完备的推进机制。从调研结果来看，劳动实践教育相关保障机制存在明显缺憾。首先，校内劳动开展多，单一技能训练劳动代替整个劳动教育，以偏概全问题突出；其次，劳动实践教育课程体系建构不够完善，缺乏专题劳动实践教育课程体系；再次，劳动教育实施途径单一，没有真正形成学科联动，主题组合，学校、家庭、基地及社会资源联动的劳动实践教育模式。

（四）教师劳动教育指导力亟待提升

教师是组织开展学校劳动实践教育的主要力量。教师的指导决定学校劳动实践教育开展的效果。调研发现，尽管全市教师参与劳动教育的比例较高，对劳动教育的意义价值、目标定位和途径方法认识基本到位，但存在劳动实践教育组织的方法能力储备不足、对劳动教育指导过程基本行为规范的理解不到位的问题。

（五）学校资源整合的意识需要加强

调研发现，学校教师课程资源利用意识相对薄弱。长沙市认定了100多所校外研学基地，其中50%具有劳动实践教育的功能，但学校与这些基地对接不够，出现大量社会资源浪费的现象。

以上调研总结问题，具有一定代表性，是劳动教育面临的共性的问题，在制定劳动教育管理与评价，尤其是进行劳动教育保障机制建设过程中，要将其作为参考。

二、基于具体问题，开展劳动教育管理服务重点工作

为促进劳动教育不断深化，围绕建设高质量教育体系的目标，从如下几个方面不断深化劳动教育。

（一）建构学校家庭社会联动机制

我们将进一步理顺劳动教育的路径，建立三全育人机制。一是校内教育为主，劳动教育通过学校课程整合落地。二是坚持用好家庭教育路径，根据学生的年龄特点，结合学校主题活动，给学生布置力所能及的家务劳动作业；把劳动教育纳入学生综合素质评价体系，鼓励学生勤于劳动、热爱劳动，持之以恒地强化学生的劳动意识。三是加强劳动教育的校外实践，通过建立健全各项制度给予保障的同时，引导学校充分利用劳动教育实践基地、素质教育基地、研学旅行营地以及其他社会资源，结合研学旅行、班团队日活动、社会实践活动、劳动周，开展农业生产、工业体验、商业和服务业实习等职业体验类劳动实践。

（二）突出劳动教育的新时代特征

学校在分析自身资源基础上，建构与规范序列化、日常化的劳动教育课程体系。将中小学劳动教育内容细化落实到所有课程教学目标中。推进劳动

教育，一要规范国家课程开设，特别是要保证综合实践活动课程开发和开设，保障综合实践活动课程实施中劳动教育内容不少于一半。二要加强创意劳动实践教育，引导学生增加智慧劳动与创造性劳动的经历。三要确保劳动教育的全课程路径。加强全体教师的劳动教育意识，使各个过程、环节、学科都能落实劳动教育。四要把握新时代劳动教育的特点，重点做好普通教育新产教融合课程体系及实施系统建设，注重创新与新技术支撑，重视劳动专题学习与学科学习结合，引导学生将探究创意与实践体验结合起来。

（三）加大劳动教育场地资源开发

学校要加强校内外结合的实践基地的开发和利用，可从以下几方面着力：一是学校盘底梳理开发学校劳动教育的场地，保证每个班级在校内有劳动实践区，有若干可供学生劳动实践的场地，有可供开展创新性劳动学习活动的专用教室；二是做好社会联动，充分挖掘、利用社会各个机构和组织，给学生提供劳动教育场所；三是充分利用长沙市各处研学活动基地，尤其是农林劳动类、工业制造类基地，挖掘其劳动教育的功能。以长沙市为例，通过自主申报、现场考察、专家评审、政府认定等流程，遴选、认定100多家劳动社会实践活动基地，解决劳动教育缺场景的问题，保证课程实施场地的丰富多样与规范。

（四）着力劳动教育教师队伍建设

着力从专业引领、自主学习、互动研究三个方面入手，加强劳动教育队伍建设。一是依托我市国家优秀教学成果《综合实践活动课程建设、推进与实施》中劳动教育综合育人的经验，成立劳动教育专家工作室，实现专业引领。二是把劳动教育纳入教师培训内容，开展全员和专项培训，通过党团（队）活动、工会活动、研训活动等方式，组织教师在实践场景中开展劳动体验活动和劳动专题体验活动。三是加强全体教师的劳动观教育，组织经常性的教研活动，开展教学竞赛，促进劳动教育教师专业化，不断提高劳动教育教学质量。

（五）建立劳动教育保障机制

教育行政部门要及时建立劳动教育、研学实践、综合实践整合管理规范，理顺各职能部门的关系，统一认识和要求，保证学校通过联动方式开展的课程能顺利实施，尤其是明确家校社联动机制、学生外出实践管理归口问题等。

劳动教育开放的活动场地与活动方式，必须建立组织管理规范有序的课程执行保障与评价体系。该保障体系主要包括如下几个方面。

1. 明确劳动教育管理责任主体

劳动教育课程实施的管理要明确主体，一般而言，由教育行政部门基础教育处以及学生处管理。与此同时，要明确学校管理规范。以长沙市为例，一是明确劳动教育与研学实践进行整合实施环节，建立了校内外实施的管理规范，如，《长沙市综合实践课程管理办法》（含劳动教育活动）中明确规定，学校要结合实际情况设置专门职能部门，承担起学校综合实践课程、劳动教育实施规划、组织、协调与管理等方面的责任，负责制定并落实学校综合实践活动课程、劳动教育实施方案，整合校内外教育资源，统筹协调校内外相关部门的关系，联合各方面的力量，特别是加强与校外活动场所、基地的沟通协调课程对接研制等。

2. 建立保障机制

规范细化外出流程及管理措施，建立系列保障机制。如，将中小学组织学生参加研学实践的情况和成效作为学校综合考评体系的重要内容，作为学生综合素质评价的重要依据，教育行政部门和旅游部门定期对研学实践基地的课程设置、接待数量、服务质量和社会效益等进行督查评价等。

三、科学设计劳动课程评价方案，建构评价体系

学生劳动教育评价，要解决的三个问题：评价什么——活动内容；依据什么——评价标准；怎样评价——评价方法。并从以上三个方面入手，构建劳动教育评价体系。我们要根据《全面加强大中小学劳动教育实施意见》《劳动教育课程标准》等文件精神，结合本校实际，确定学生劳动教育评价目标；制定劳动教育评价指标体系；同时，探索丰富的过程性评价方法，建立了一种以"自我反思性评价"为核心的发展性评价体系。

发展性评价倡导"立足过程，促进发展"，就是要把评价的重点放在学生的成长发展过程中，把评价过程当作是为被评价者提供了一个自我展示的平台和机会，鼓励被评价者展示自己的能力和成就。它是对学生在日常学习过程中的表现、取得的成绩以及反映出来的情感、态度、价值观、学习策略

等方面的评价。开展劳动教育学生发展性评价，我们要把握如下几个要点。

（一）明确劳动教育培养目标

发展性评价的目标来源于课程标准和学生在发展过程中的状况。有了评价目标，就可以确定评价的内容和方法。

关于劳动教育的目标，教育部《大中小学劳动教育指导纲要》明确指出，劳动教育总体目标：一是树立正确的劳动观念。正确理解劳动是人类发展和社会进步的根本力量，认识劳动创造人、创造价值、创造财富、创造美好生活的道理，尊重劳动，尊重普通劳动者，牢固树立劳动最光荣、劳动最崇高、劳动最伟大、劳动最美丽的思想观念。二是具有必备的劳动能力。掌握基本的劳动知识和技能，正确使用常见劳动工具，增强体力、智力和创造力，具备完成一定劳动任务所需要的设计、操作能力及团队合作能力。三是培育积极的劳动精神。领会"幸福是奋斗出来的"内涵与意义，继承中华民族勤俭节约、敬业奉献的优良传统，弘扬开拓创新、砥砺奋进的时代精神；四是养成良好的劳动习惯和品质。能够自觉自愿、认真负责、安全规范、坚持不懈地参与劳动，形成诚实守信、吃苦耐劳的品质。珍惜劳动成果，养成良好的消费习惯，杜绝浪费。

在总体目标框架下，《劳动教育课程标准》就劳动教育具体目标进行了设计，在评价过程中，我们要根据所教学生年级、所开展劳动教育项目类型及具体主题内容，尤其是根据每类劳动教育活动素养要求设计劳动教育评价内容方法。以"烹饪与营养"类劳动教育活动主题群为例，关注的核心素养是"食育文化、合理搭配"，在设计劳动教育评价内容时，要将其作为重要指标，相应的评价方法也要与之一致。

（二）研制劳动教育发展性评价内容

1. 区域性劳动教育评价指标研制

为切实加强"综合实践课程建设与实施"国家级优秀成果推广应用示范区中小学劳动教育，科学开展劳动教育相关评价，将学生劳动教育指标纳入学生综合素质评价和教育质量综合评价，依据中共中央、国务院《关于全面加强新时代大中小学劳动教育的意见》《关于深化教育教学改革全面提高义务教育质量的意见》《教育部关于推进中小学教育质量综合评价改革的意见》相关文件精神，本示范区结合实际、综合已有研究，形成区域中小学校劳动教育状况评价指标。

一是评价目标的设立，立足客观反映中小学校劳动教育状况、学生劳动素养水平，深入分析影响中小学劳动教育的相关因素，为改进劳动教育教学提供参考；引导学生树立正确劳动价值观、形成良好劳动品质，把劳动教育评价指标纳入学生综合素质评价体系，纠正以升学率和分数作为评价学校和学生唯一标准的做法，促进区域教育质量综合评价纵深发展，教育质量水平不断提升。二是评价指标包括 4 项一级指标、16 项二级指标，从课程设置、课程实施、机制保障等方面设立评价内容，细化评价指标，明确评价要点，体现了我市劳动教育强化过程、多元评价、智慧评价的特征。

【案例分享】

长沙市普通中小学校劳动教育状况评价指标

长沙市普通中小学校劳动教育状况评价指标包括 4 项一级指标、16 项二级指标，详见下表。

长沙市普通中小学校劳动教育评价指标

评价内容	一级指标	二级指标	评价要点
学校劳动教育	课程设置	必修课开设	设立劳动教育必修课程，每周不少于 1 课时；优化综合实践与劳动教育课程结构，确保劳动教育课时不少于一半；学校要对学生每天课外校外劳动时间作出规定
		研学活动专题	充分利用周边的劳动教育课程资源，利用相关劳动实践基地在研学中开展主题式劳动教育
		劳动周设立	科学设立学年劳动周，可在学年内或寒暑假自主安排，小学低中年级以校园劳动为主，小学高年级和中学可适当走向社会、参与集中劳动
		学科融合	将劳动教育与德、智、美、体育相融合，探索劳动教育新方法；结合实际加强劳动教育校本课程开发，注重发挥校园文化等隐性课程劳动教育功能

（续表）

评价内容	一级指标	二级指标	评价要点
学校劳动教育	教学实施	教学内容	小学低年级注重劳动意识启蒙，小学中高年级注重卫生、劳动习惯养成； 初中要注重增加劳动知识、技能，加强家政学习，开展社区服务，适当参加生产劳动； 普通高中注重丰富职业体验，开展服务性劳动、参加生产劳动，使学生熟练掌握一定劳动技能，理解劳动创造价值，具有劳动自立意识和主动服务他人、服务社会的情怀
		教学形式	根据学生身体发育情况，科学设计课内外劳动项目，采取灵活多样形式，集中与分散相结合；坚持学生值日制度，组织学生参加校园劳动，将校外劳动纳入学校的教育工作计划，积极开展校外劳动实践和社会志愿服务；鼓励家务劳动，安排适量的劳动家庭作业
		教学资源	完善学校建设标准，学校逐步建好配齐劳动实践教室、配置相应设备和所需耗材，利用周边资源拓展劳动基地，满足劳动教育需要
		教学评价	注重过程性评价和终结性评价相结合，将劳动素养纳入学生综合素质评价、教育质量综合评价体系，制定评价标准，建立激励机制和公示、审核制度；把劳动素养评价结果作为衡量学生全面发展情况的重要内容，作为评优评先的重要参考和毕业依据，作为高一级学校录取的重要参考或依据
	保障机制	制度保障	切实承担劳动教育主体责任，制定劳动教育方案，明确实施机构和人员。根据需要编写劳动实践指导手册，明确教学目标、活动设计、考核评价、安全保护等劳动教育要求
		师资保障	建立专兼职相结合的劳动教育师资队伍，配备必要的专任教师；加强劳动教育教师专业培训，组织经常性教研活动，促进劳动教育教师专业化；建立健全劳动教育教师工作考核体系，分类完善评价标准

（续表）

评价内容	一级指标	二级指标	评价要点
学校劳动教育	保障机制	经费投入	学校按照规定科学统筹安排公用经费等资金开展劳动教育，建立学校劳动教育器材、耗材补充机制，吸引社会力量提供劳动教育服务
		安全保障	加强劳动安全教育，强化劳动风险意识，建立健全安全教育与管理并重的劳动安全保障体系。制定操作规范，强化岗位管理，制订风险防控预案，完善应急与事故处理机制
		宣传引导	密切家校合作，引导家长树立正确劳动观念，支持配合学校开展劳动教育，定期反馈学生居家劳动状况、参与社会公益劳动情况；加强劳动教育科学研究，宣传推广劳动教育典型经验，鼓励学生多创作以歌颂普通劳动者为主题的优秀作品，营造全社会关心和支持劳动教育的良好氛围
	学生劳动素养	劳动观念	具有正确的劳动价值观，尊重劳动、热爱劳动的品德和吃苦耐劳精神，树立依靠辛勤劳动创造美好未来的观念；尊重普通劳动者，珍惜劳动成果
		劳动知识与技能	正确掌握日常生活劳动、生产劳动和服务性劳动相关知识及技能；在实际劳动中提高动手能力和发现问题、解决问题的能力
		劳动习惯	具有自觉、主动劳动的习惯，小学生日常生活自理，主动分担家务，中学生养成热爱劳动、主动服务他人、服务社会的习惯
		劳动实践	参加校内劳动。参与校园卫生保洁和绿化美化；参加与劳动有关的兴趣小组、社团、俱乐部活动，进行手工制作、电器维修、班务整理、室内装饰、勤工俭学等实践活动；参与以劳动教育为主题的班团队会、手工劳技展演。 参加校外劳动。参与一定时间的农业生产、工业体验、商业和服务业实习等劳动实践；结合研学旅行、团日队日活动和社会实践活动，参与学工学农、公益劳动、志愿服务及适当的农业生产劳动。 参加家务劳动。参与孝亲、敬老、爱幼等方面的劳动；参与洗碗、洗衣、扫地、整理等力所能及的家务

（案例提供：长沙市教育局）

2. **学生劳动教育发展性评价指标设计**

劳动教育评价内容设计，要建立多层次的评价指标体系。第一步，从《劳动教育课程标准》主题群中每个项目的素养表现中提炼出核心素养关键词，这些关键词围绕劳动观念、劳动能力、劳动习惯和品质、劳动精神四个维度设计，这个作为一级指标；学校可从《劳动教育课程标准》中梳理的一些关键词，这个可以作为二级指标参考。第二步，在以上一、二级指标的基础上，根据学校开展的具体劳动活动项目进行指标设计。

（三）开展劳动教育表现型评价

1. **发展性评价与劳动教育实施过程同步**

发展性评价是随着教育同步进行的一个过程。它贯穿于劳动教育活动中的每一个环节。也就是说发展性评价强调随机性、及时性。一般而言，发展性评价伴随着具体劳动教育项目开展。如，一位教师这样描述："节令中的食育文化——橘子大探秘"主题活动中，为了激励学生深入开展活动，学校在活动一开始就宣布将在校门口举办"展卖会"（销售橘子美食和橘子文创作品）这样一个生活情境任务。孩子们为了自己能在展销会上大显身手，认真地制作橘子罐头、蜂蜜柚子茶和陈皮果脯糖等美食，设计包装、制作文创作品，精心准备广告和展卖台。

2. **发展性评价注重劳动过程资料收集**

学生劳动教育的素养提升发展是一个过程，促进学生的发展也要经历一个过程。劳动教育发展性评价突出评价的过程性，通过对学生发展过程的关注和引导，促进学生发展。

劳动教育学生发展性评价的过程性主要体现在收集能反映学生劳动情况的资料和数据上，根据一定的评价内容和标准，对这些资料及数据进行归类、分析、呈现，形成对学生发展变化的认识，并有针对性地提出改进建议和措施，为学生今后的继续学习和发展起到促进作用。它不是简单地根据这些资料、数据给学生下一个结论，分出个等第来，更重要的是引导学生在学习过程中不断发展提高。一般而言，常用的发展性评价采用真实记录——"档案袋评价"，又叫学生"成长记录袋评价"，对于劳动教育

"档案袋评价"而言，教师根据劳动教育实践主题活动目标和计划，请学生依据特定目的，在一段时间内主动且系统地收集、组织与省思学习成果的档案，以评定其努力、进步、自我反思能力、成长的情形及综合实践学科最终发展水平的理想手段。"档案袋评价"主要是在写实记录的基础上，对收集到的劳动实践活动开展过程中的材料分门别类地进行整理加工，然后根据各阶段、各环节活动情况筛选一些具有代表性的材料装入档案袋。每一个作品都应注明完成日期或者放入日期，以此来记录学生成长过程中的时间节点。教师还应该引导学生反思："该作品让我从中学到了什么？""我哪些方面做得比较好？""为什么选择这一作品？"等问题。

劳动教育档案袋可以分两种类型：

一是展示劳动成果。这种档案袋所包含的内容一般是学生在教师指导下选择的最佳作品，如优秀劳动教育成果等。

二是记录学习过程型。根据劳动实践活动主题的活动步骤来搜集资料，主要包括如下几点。

（1）活动准备阶段的材料：劳动教育主题确立的背景、意义、计划、方案的设计等。

（2）活动实施过程的材料：如劳动教育过程中调查记录、观察记录、实验过程、实验现象、收集整理的资料、设计或制作的作品、实施过程中发现的新问题及采取的方法措施等。

（3）活动总结交流阶段的材料：如，劳动教育设计方案、作品、照片、录音、录像、绘画、实物模型或小制作、多媒体作品（软盘）、标本、手抄报等等。

（4）活动的总结和评价方面的材料：可以是个人评价，可以是同学评价、小组评价，还包括教师评价或家长评价，甚至是被调查人、被访问人、街坊邻居、亲戚的评价等，个人的反思体会不要忘记装入档案袋中。如下表，一位教师"设计小雏菊文创作品"——劳动教育期末表现性测评，是非常好的活动总结性评价工具。

"设计小雏菊文创作品"主题——劳动教育期末表现性测评

评价项目	提供材料	评分标准集分值			自评	互评	师评
		1分	2~3分	4~5分			
信息收集和处理能力	关于如何设计有关花卉的文创作品资料	通过网络搜集信息，直接打印或照抄，没有进行整理	通过网络途径进行信息搜集，方式较单一，但对信息进行了整理，抓住了关键信息	通过网络、采访、实地考察等多种方式收集信息并进行分类整理			
文创作品设计能力	呈现一幅关于小雏菊的文创作品的设计图	设计任务单完成简单、作品缺乏文化内涵和新意	设计任务单完成较好，图文结合，有一定的创意和内涵	设计任务单完成好，图文结合，文创作品设计有内涵、有新意			
小组合作能力	小组合作评价表	不能完成分配给自己的任务	能发挥自己的优点，较好地完成任务，与人合作较好	能很好地完成自己的任务，并主动帮助他人，遇到问题能想办法解决			
文创作品制作能力	上交一件关于小雏菊的文创作品	作品缺乏文化内涵、没有创意、不美观	作品具有一定的文化内涵、有创意	作品具有一定的文化内涵、有创意且美观			

（案例提供：湖南省长沙市金鹰小学张毅）

专题八
劳动教育专题体验式教师培训模式

　　笔者开展专题体验式教师培训模式的研究，基于如下几点考量：其一，劳动教育需要教师全员参与。然而，学校具体情形是几乎不可能有全员参与的培训时间；其二，劳动教育课程体系中，设计诸多劳动技能培育，学校校本培训很难解决；其三，综合项目及主题劳动周开展，教师缺乏亲身体会。为此，利用工会活动等机会，尝试创新培训模式——开展专题体验式培训模式。该模式的设计，旨在通过某一专题体验式项目的体验执行，让参与教师体验劳动教育综合实践主题探究过程，掌握主题开发理念，体验活动过程，并掌握某项劳动技能。基本过程为三个阶段。第一阶段为教师体验阶段：一是确立体验主题。学校可以某基地为依托，重点开展"传统文化类""工艺技术类""农林劳动类""工业智造类""生活应用类""职业体验类"等方面相关主题项目的体验。二是教师在开展主题体验时，把同一个主题分成不同实践体验项目，让教师掌握主题分解等方法，便于以后开展综合实践与劳动教育课程指导；体验项目过程中掌握某项技能。第二阶段为反思策划阶段。此阶段为教师完成专题体验项目后，反思总结梳理，从主题理解、主题分解、技能学习几个维度总结收获，并开展指导学生的项目主题设计。第三阶段为指导实践阶段：教师指导学生开展自己经历的专题体验活动，学生实践成果检验。这样，通过全员培训，每个教师都具有基本的开发综合主题实践课程内容、指导规范开展劳动项目综合实践、研学实践、社会实践或亲子活动的能力。

一、明确专题培训具体要求

教师专题培训具体要求主要包括如下几个方面：（1）有指导教师培训和全员教师专项培训的计划与活动。其中全员培训一个学期不少于两次专题体验式培训。（2）专题体验培训有完整的计划与活动方案，专题体验课程有专家参与设计或指导。（3）通过全员培训，每个教师有开发综合主题课程内容、指导规范开展劳动项目实践、研学实践、社会实践或亲子活动的典型案例。（4）建立骨干教师专业发展规划及成长档案袋。（5）通过全员体验式培训，有体现专业技能、动手制作、创意设计的物化成果。

二、确定培训专题

教师专题体验培训的专题设计，要结合学校资源分析及利用，并与学校文化特色及综合实践与劳动教育主题保持一致。以金鹰小学为例，该校毗邻湖南广播电视台，周边有"马栏山视频文创产业园""月湖文创小镇"，与金鹰文化艺术节有渊源。独特的地理位置、文化创意成为学校得天独厚的育人资源。而溯古探今，中国的食育文化浸润东方审美，天时地利，感受生活中的节气美食，依时令健康生活，是现代社会急需传承的生活方式。通过综合分析，学校设计了具有金鹰特色文化的课程体系，"时节有约食育新，金鹰探寻文创行"的主题课程。

三、制订专题培训计划

确立专题后，学校需要制订完善的教师专题体验培训计划。在计划中明确培训目标与具体项目，提出具体的学习要求，通过专题项目的体验执行，让参与教师体验综合实践与劳动教育主题探究过程，了解开展综合实践与劳动教育的流程以及各个环节的重点和难点；在体验小组合作学习的过程中，掌握有效指导学生开展小组合作学习的方法；更好地把握课程理念，掌握操作技术，提高教师指导学生规范开展综合实践与劳动教育的能力，为第二阶段学校教师全员指导学生开展专题体验活动作准备。

【案例分享】

"研习食育文化，躬身劳动教育"
——金鹰小学教师专题体验培训计划

一、指导思想

为了开阔我校教师视野，积极汲取先进教育理念，提升教师的综合实践与劳动教育课程实施的专业成长，探索促进教师专业发展的理念及运行机制，使教师适应综合实践及研学实践指导教师职业要求，打造一支学习型、研究性、创新型的综合实践课程教师队伍，结合时令特点，通过创意劳动的模式开展，旨在提高老师们综合实践与劳动教育的能力，在亲历实践中把握课程理念，掌握操作技术，从而更好地融入日常教学中。特制定我校"研习食育文化，躬身劳动教育"综合实践与劳动教育教师专题体验培训方案。

二、培训目标

1. 通过老师亲自体验制作美食，了解传统食育文化，学习美食的制作方法，体验劳动的快乐，放松身心，满足老师们对精神生活品质的追求。

2. 通过亲历综合实践与劳动教育主题开展的全过程，让老师们更好地了解开展综合实践与劳动教育的流程以及各个环节的重点和难点；

3. 在体验小组合作学习的过程中，掌握有效指导学生开展小组合作学习的方法；

4. 通过体验式培训，让老师们更好地把握课程理念，掌握操作技术，提高教师指导学生规范开展综合实践与劳动教育的能力，从而更好地融入日常教学中。

5. 通过专题体验式培训，教师具备开发综合实践与劳动教育课程内容，提升教师研学实践、劳动主题教育、亲子活动指导的能力。

三、组织领导

组长：吴春花

副组长：唐灿

成员：易余清　张毅　范小芳　刘浩　侯蓉

四、培训对象（共 56 人）　班主任

五、培训地点：郎原文化园（长沙县）

六、综合实践教师专题体验式培训内容及安排

（一）体验环节

1. 活动介绍（唐校或易主任）

2. 前置课程一：活动主题的确定和选择（小芳）

3. 前置课程二：搜集并展示交流信息（因时间关系，由基地教师交流柚子茶、艾草青团、糯米桂花糕的文化知识和制作方法）

4. 基地体验课程：制作美食（基地教师负责）

（1）高语组制作柚子茶（2 个小时）。

（2）中语组制作青团（1 个小时），低语组制作糯米桂花糕（1 个小时）。

温馨提示：因为要等待高语组，中语组和低语组的老师体验完本组的项目后，如有时间还可以体验其他项目。

5. 基地展示课程：美食大比拼（小芳）

比拼项目：1. 上台推销美食，评选最佳销售奖（选择一种最有创意或最能吸引别人的方式推销自己组做的美食）；2. 每组选 3 位老师品尝别的组做的美食，评选出最佳美味奖。

（二）分享、交流环节（小芳）

1. 独立思考：通过今天的沉浸式体验活动，你感受到什么？可以从信息搜集、小组合作、美食制作、推销美食过程中交流自己的收获或发现。对你今后指导学生开展综合实践与劳动教育（研学活动、劳动教育、亲子实践活动等）有什么启发？

2. 组内交流。

3. 每组派代表交流。

总结、运用环节（姜平教授）

总结指导学生开展综合实践主题活动的原则或归纳提取精华，以帮助体验者进一步定义和认清体验中得出来的结果。

七、学习要求

1. 所有外出学习的教师必须听从学校安排。注重自身及财产安全，并做好外出学习有关事宜。确保学习活动取得切实成效。

2. 参加人员要高度重视外出学习宝贵时间，明确学习目的。通过培训学习，把综合实践的教育教学理念及课程教学经验带回来，推动学校教育教学工作整体提升。

3. 带着问题交流学习。参与学习的教师要带着问题去学习，力争通过培训，解决本人在综合实践教育教学中遇到的某一方面或某一个问题。

4. 外出学习培训期间，各教师要安排好自己所有工作，不得影响日常工作。

5. 培训活动结束后，外出培训教师要及时书写并上交培训总结和交流材料（心得体会），包括文字材料和图片或音像材料，设计并实施一个综合实践长主题活动。

6. 参加培训教师在培训期间要积极学习，多和专家或其他参加学习的老师交流。

八、组织形式

由湖南郏原文化园具体实施，本校骨干教师和行政策划协作实施。

总负责：唐灿（组织纪律、协调）

策划（方案、培训课程设计和实施、横幅准备、联络、拍照）：张毅、易余清、范小芳

后勤：邹海波、柳舸

培训组组长：低语组张灿、中语组尹冰、高语组吴利群，负责安排人签到、组织本组活动、收集资料、拍照、录制小视屏、制作本组美篇等。

（案例提供：湖南省长沙市开福区金鹰小学　张毅）

四、开展专题体验项目活动

综合实践与劳动教育需要教师全员参与，为此，学校需要利用工会活动、教研活动等机会，开展专题体验式培训模式。整个培训经历文化植入、实践体验、交流分享、总结运用基本过程。注重教师的实践与体验，让教师在实践中体验，在体验中成长，在实践中求效果。

【案例分享】

"研习食育文化，躬身劳动教育"
——金鹰小学专题式培训过程

【**专题体验环节**】：我校专题体验项目主要经历前置课程、活动策划、美食制作、成果展示、活动评价几个环节，参训教师置身于体验的情境中，经历了综合实践与劳动教育的全过程。

首先，老师们进入前置课程阶段。基地有幸聘请成果持有人姜平教授做专题讲座。姜教授深刻解读了专题缘起的文化内涵及现实意义。端午时节，五毒并出，人体内寒外热，饮食更是需要调适。我国古代食育文化博大精深，研究食物能透过其成分组成，洞悉其蕴含的能量。民间素有"冬吃萝卜夏吃姜"之说，即冬季需吃寒凉之食，夏季需吃温热之物，以抵胃中虚冷。而南方大米性寒，北方面粉性温，故湖南当地五月端午有吃大包子的习俗，其中深谙古人智慧。优秀的民族文化不仅仅存在于典籍中，更活化在生活里。

基地特邀本土品牌某品牌包子传承人吴先生为老师们讲述品牌背后的故事，分享非物质文化遗产的食育文化。吴先生带领其团队参与技术指导。这也是邢原文化园策划的产教融合教育模式，该品牌包子拥有千年制作技艺、百年传承，是宁乡市非物质文化遗产，曾代表中华包点品牌走入联合国教科文组织总部。透过他的讲述，全体教师了解其红色基因，从"面点师之乡"突出重围。从非物质文化遗产到湖南老字号，逐渐走进大众视野。如今，它以独创的生胚技术荣膺"湘点创新技术奖"，生胚沙田包子即解冻生胚，解冻即蒸是它最大的特点，也是品牌最强的优势。面对新技术的研发成果，教师惊叹不已，更直观地见证了科技研发的力量。

老师们进行活动策划阶段。老师们仿佛回到了学生时代，成立研修小队，齐心合力想队名，想口号，根据各自专长，进行分工，并撰写活动计划书，设置主厨、摄像师、记录员、宣传员、摆盘员、海报制作人员、推销员……每个老师都全然投入到活动中。

在研修小队队长的带领下，老师们进入美食制作阶段。各小队按照美食制作流程，分工合作，精心制作。老师们和面、压面、搓条、下剂、包馅，各种手法齐上阵！沙田包子企业团队手把手地教，进行技术跟踪指导。

两个小时以后，我们进入活动总结展示阶段，通过"金鹰优品直播间"美食推销活动，展示各小队美食，并由基地老师评选出"最佳销售奖"。美食直播结束后，我们进行了"美食大比拼"活动评价阶段，每小队派出2名队员品尝，并评选出"最佳美味奖"。

【分享与交流环节】

老师们纷纷发言，有的说：在活动参与过程中，感觉身心愉悦。老师们分工明确，团结合作，让活动有条不紊地进行。每位老师都是美的化身，拥有匠心工艺，成品出来更是不忘仪式感，摆盘、插花，处处都是对美的追求。有的说：老师对制作流程必须非常熟悉，指导学生时才能给予提醒。在制作过程中，需要老师敏锐的觉察力和细心的指导。

【总结运用环节】

最后，张毅老师对本次活动进行了点评，帮助老师复盘了开展综合实践与劳动教育的流程以及各个环节的指导重点和难点，并围绕"食育文化"如何及时捕捉各小队生成性的问题，开展后拓课程做了相关指导，像"包子手工技艺"这些流传下来的文化精粹，也面临着如何保护、如何传承的现实问题。

（案例提供：湖南省长沙市金鹰小学　张毅）

五、复盘指导学生活动

为了更进一步推进综合实践与劳动教育教师的专业发展，促进教师从学习课程资源到运用课程资源，让实践意识成为日常的工作方式，学校需要求教师在已有经验的基础上，组织教师开展基于主题设计的综合实践与劳动教育，通过参训教师对研学课程的设计、研学手册的研发，专业成长档案袋的建立，促进指导教师的专业发展，指导学生开展深度的研学实践活动。

【案例分享】

时令有约食育新，金鹰探寻文创行

——金鹰小学教师专题体验活动后的课程框架设计（部分）

"时令有约食育新，金鹰探寻文创行"主题课程框架

领域	模块	主题举例	项目举例	低年级	中年级	高年级	主要活动方式
时令有约食育新，金鹰探寻文创行	春食之韵	春分春饼香	关于春分"咬春"的习俗文化	初步了解春分的时令特点	探究"咬春"习俗的发展	探究春分饮食的文化渊源	查找资料
			关于春饼的饮食保健功效	了解春饼的美好寓意	关于春饼的保健	探究春饼的配料属性	自然观察、科学探究
			关于春饼的饼面制作	了解春饼面的种类	学习春饼的和面技巧	分组制作"春饼"和"筋饼"	劳动体验、技能学习
			关于春饼的配菜设计	了解春饼的配菜营养	探究春季养生保健配菜	动手制作春饼配菜	艺术设计
			关于春饼的文化宣传	设计"春分养生菜单"	设计春分养生特色菜品，表达美好心愿	动手制作春饼及配菜，小组进行创意点评	创意设计
			关于春饼的文创推广	参观文创基地，彩笔画春饼，表达美好祝愿	考察文创基地，拓展"咬春"相关饮食风俗	实地采访文创设计师，对春分饮食进行文创宣传	实地考察、社会服务

（案例提供：长沙市开福区金鹰小学 张毅）

专题九
劳动教育全面育人体系建构典型案例

【案例一】

研学实践课程实施标准（讨论稿）

为进一步规范研学实践活动，建构加校社联动育人机制，本人应全国教学指导委员会综合实践与劳动教育专委会的工作安排，研制研学实践课程实施标准，明确其课程性质理念、实施要求规范，探索形成中小学生广泛参与、活动品质持续提升、组织管理规范有序、基础条件保障有力、安全责任落实到位、文化氛围健康向上的研学实践发展体系。

一、课程性质与基本理念

（一）课程性质

研学实践是国家义务教育和普通高中课程方案规定的必修课程——综合实践与劳动教育课程的重要内容与重要方式，主要属于综合实践考察探究类型。与综合实践、劳动教育课程实施统筹考虑，纳入中小学教学计划。该课程由地方统筹管理和指导，具体内容以学校、基地共同开发为主，小学一年级至高中三年级全面实施。

（二）基本理念

1. 形成家校社联合育人机制，形成全员育人新机制

研学实践活动实施过程中，要充分调动家庭、社会基地教育资源，在学校的统筹组织下，因地制宜、因时制宜，提出具有教育意义的主题，联动家庭、基地、社会等多方共同参与研学实践主题，形成全员育人新机制。

2. 整合社会优质课程资源，使其进入学生成长全过程

以统筹协调、整合资源为突破口，秉承"创新、协调、绿色、开放、共享"的发展理念，让优质资源通过课程化设计，进入学生成长全过程，促进学校、学生、资源单位多方面协同发展。

3. 统筹协调综合实践课程，建构规范研学课程实施体系

围绕综合实践育人目标，面向学生完整的生活世界，利用优质资源，因时制宜、因地制宜，与学校综合实践课程统筹考虑，开发研学活动主题，形成家庭、学校、基地、社会多方协同组织实施的研学课程实施方式、共同参与的评价方式，建构科学规范的研学课程实施体系。

4. 突出实践、综合、探究性特征，促进学生综合素质全面发展

研学实践活动实施体现经验性、实践性课程特征，强调学生综合运用各学科知识，认识、分析和解决现实问题，提升综合素质，着力发展核心素养，特别是社会责任感、创新精神和实践能力。

5. 整合融入劳动教育，优化研学实践活动课程结构

优化综合实践与劳动教育课程结构，研学活动中设置劳动教育专题；充分利用研学实践基地，在研学活动中开展主题式劳动教育。在该类基地中，重点开展工艺技术实践、工业劳动实践、农林劳动实践、职业体验实践教育主题活动。

二、课程目标

（一）总目标

开发一批育人效果突出的研学实践活动课程，建设一批具有良好示范带动作用的研学实践基地，打造一批具有影响力的研学实践主题线路，建立一套规范管理、责任清晰、多元筹资、保障安全的研学实践工作机制，探索形成中小学生广泛参与、活动品质持续提升、组织管理规范有序、基础条件保障有力、安全责任落实到位、文化氛围健康向上的研学实践发展体系。

（二）具体目标

根据学段特点和地域特色，逐步建立小学阶段以乡土乡情为主、初中阶段以县情市情为主、高中阶段以省情国情为主的研学旅行活动课程体系。

三、课程内容与活动方式

学校根据综合实践与劳动教育课程协同融合的目标，并基于学生发展的实际需求以及优质资源评估情况，与基地一起设计活动主题和具体内容，并

选择相应的活动方式。

（一）内容选择与组织原则

研学实践活动课程的内容组织应遵循如下原则：

1. 统筹性

学校要对全学段研学实践进行整体规划，每年度研学有不同主题，在主题开发与活动内容选择时，一要与学校综合实践与劳动教育主题统筹考虑，避免分离状态；二要统筹考虑家校社课程资源的统筹利用，并与相关资源单位共同研究因地制宜、因时制宜的主题活动。

2. 实践性

研学实践课程强调学生亲身经历各项活动，在策划、设计、探究、制作、劳动的过程中进行"体验""体悟""体认"，在全身心参与的活动中，发现、分析和解决问题，体验和感受生活，发展实践创新能力。

3. 整合性

研学实践活动课程的内容组织，一要挖掘整合各类基地资源的课程价值，二要整合五育并举的育人目标，三要整合各学科知识的综合运用。均衡考虑学生与自然、与他人、与社会、与自我的关系。对活动主题的探究和体验，体现个人、社会、自然的内在联系，强化道德文化、科技、艺术、技术等方面的内在整合。

4. 主题性

学校组织的研学活动必须运用综合实践与劳动教育的方式开展主题探究活动，学生外出活动必须与学校当学期开展的综合实践统一在一个主题下进行深度研究。可将有关专题教育，如优秀传统文化教育、革命传统教育、国家安全教育、心理健康教育、环境教育、法治教育、知识产权教育等，转化为学生感兴趣的研学实践活动主题，让学生通过亲历感悟、实践体验、行动反思等方式实现专题教育的目标，防止将专题教育简单等同于研学实践课程。

5. 连续性

研学实践活动根据综合实践与劳动教育课程的内容设计，一要基于学生可持续发展的要求，使活动内容具有递进性。促使活动内容由简单走向复杂，使活动主题向纵深发展，不断丰富活动内容、拓展活动范围，促进学生综合素质的持续发展。二要处理好学期之间、学年之间、学段之间活动内容的有机衔接与联系，构建科学合理的活动主题序列。

（二）课程实施方式

1. 课程融合

要有整体的方案，包括：各年级（班级）主题、前置课程、研学课程、后拓课程的设计，体现与学校课程和综合实践与劳动教育课程有机融合。

2. 深度研究

体现学生深度研究的过程，如围绕某一核心主题开展的科学实验探究、自然观察研究、社会考察研究、设计制作、职业体验、专题教育等内容必须符合综合实践与劳动教育方式规范，过程完整，研究有深度。

3. 方式整合

将以往的春秋游等外出活动归口研学实践范畴，统一标准要求。研学实践的活动方式突出在统一的主题下有文化植入、科学探究、创意策划、艺术设计、技术学习、劳动体验多种方式植入，并巧妙融合在主题之中。

4. 过程完整

研学实践学校、家庭开展的前置课程、研学基地开展的基地课程或者相关基地联动的线路课程、学校后拓课程，过程完整。

5. 组织有序

研学实践是综合实践与劳动教育课程内容的一部分，而非传统的集中春季、秋季外出的春秋游活动。学校根据综合实践课程进展决定外出研学实践时间，采取班级或年级分批外出的方式。

四、学校对研学实践课程的实施与管理

（一）课程规划

中小学校、研学基地是研学课程规划的主体，应在学校基地的共同商议策划下，对研学实践课程进行整体设计，将办学理念、学校特色、培养目标、教育内容、基地资源、时令特色等融入其中，对研学实践课程进行统筹考虑，形成研学实践与综合实践与劳动教育课程融合实施方案；还要基于学生的年段特征、阶段性发展要求，制定具体的"学校学年（或学期）活动计划与实施方案"，对学年、学期活动做出规划。要使总体实施方案和学年（或学期）活动计划相互配套、衔接，形成促进学生持续发展的课程实施方案。学校在课程规划时要注意处理好以下关系：

1. 研学实践与综合实践、劳动教育课程

研学实践是综合实践与劳动教育的重要组成部分，是综合实践与劳动教育课程利用优质、开放的社会资源的延展部分。一方面，学校要处理好综合实践与劳动教育与研学实践活动的关系，将研学主题活动前置课程、后拓课程作为学校综合实践与劳动教育主题课程的有机组成；另一方面，可将学校综合实践与劳动教育主题中某些环节、某些小项目，在充分评估基地课程资源的基础上，与基地对接，拓展成研学实践活动主题。

2. 研学实践与劳动教育课程

要优化综合实践与劳动教育课程结构，在研学活动中设置劳动教育专题；充分利用研学实践基地，在研学活动中开展主题式劳动教育。重点开展工艺技术实践、工业劳动实践、农林劳动实践、职业体验实践教育主题活动，避免纯技术学习与浅层次体验的劳动教育研学活动。

3. 研学实践与学科课程

在设计与实施研学实践活动课程的过程中，要通过多种方式融合，引导学生主动运用各门学科知识分析解决实际问题，使学科知识在研学活动中得到延伸、综合、重组与提升。学生在研学活动中所发现的问题要在相关学科教学中分析解决，所获得的知识要在相关学科教学中拓展加深。不能用学科实践活动取代研学实践活动。坚决杜绝走看式研学、单一学科拓展认知类研学、浅层次游戏活动类研学、纯技术学习的劳动类研学活动开展。

（二）课程实施

1. 课时安排

根据教育教学计划科学合理地安排研学实践时间，每学年1~2次，小学四、五、六年级1~3天，初中一、二年级1~5天，高中一、二年级（含中等职业学校）1~5天的研学活动，要根据学生活动主题的特点和需要，灵活安排、有效使用研学实践活动时间。寒暑假鼓励组织中小学生参与主题明确的1~7天研学旅行冬（夏）令营，有条件的学校可组织7~15天赴境外研学旅行。学校要给予学生广阔的探究时空环境，保证学生活动的连续性和长期性。

2. 组织方式

研学实践活动以集体外出活动为主。在集体外出之前，要分配好研学小组，要引导学生根据兴趣、能力、特长、活动需要，明确分工，做到人尽其责，合理高效。既要让学生有独立思考的时间和空间，又要充分发挥合作学习的优势，重视培养学生的自主参与意识与合作沟通能力。

3. 研学指导

学校、基地教师的指导贯穿于研学实践活动实施的全过程。

（1）准备阶段：前置课程阶段。在主题确立阶段，第一步，学校、教师根据学校综合实践与劳动教育课程实施需要，遴选周边课程资源，选择实施基地；结合综合实践主题，确立基地研学项目；第二步，学校与基地共同研究研学内容框架及开展项目，突出主题性与整合性；第三步，基地根据学校要求，设计研学执行方案；第四步，基地研制学生研学记录评估手册；第五步，学校将研学主题、研学地点等通知家长，准备相关资料与材料；第六步，学校与基地沟通后，进行研学活动前置课程教学设计与实施。

（2）研学实施阶段：基地活动阶段。基地教师要创设真实的情境，为学生提供亲身经历与现场深度探究体验的各类场景会，让学生围绕主题经历多样化的活动方式，学生在现场考察、设计制作、实验探究、设计制作、劳动体验等活动中发现和解决问题，体验和感受学习与生活之间的联系。避免缺乏统一主题及深度探究的活动项目罗列。

（3）拓展阶段：后拓课程阶段。基地研学活动后，一方面，学校教师根据学生在基地的发现及进行项目后感兴趣的方向，引导学生进一步开展深层次的探究活动，使之与学校综合实践与劳动教育融为一体；另一方面，引导学生对活动过程和活动结果进行系统梳理和总结，促进学生自我反思与表达、进行同伴交流与对话。指导学生学会通过撰写活动报告、反思日志、心得笔记等方式，反思成败得失，提升个体经验，促进知识建构，明确进一步的探究方向，深化主题探究和体验。

（4）评价阶段：总结交流阶段。教师、基地要指导学生客观记录参与活动的具体情况，包括活动主题、持续时间、所承担的角色、任务分工及完成情况等，及时填写活动记录单，并收集相关事实材料，如活动现场照片、作品、研究报告、实践单位证明等。活动记录、事实材料要真实、有据可查，为综合实践与劳动教育评价提供必要基础。

建立档案袋。档案袋是学生自我评价、同伴互评、教师评价学生的重要依据。在活动过程中，教师要指导学生分类整理、遴选具有代表性的重要活动记录、典型事实材料以及其他有关资料，编排、汇总、归档，形成每一个学生的综合实践与劳动教育档案袋，并纳入学生综合素质档案。

（三）课程管理

学校要结合实际情况设置专门的职能部门，如教科室、学生处等部门承担起学校研学实践课程实施规划、组织、协调与管理等方面的责任，负责制定并落实学校研学实践活动课程实施方案，整合校内外教育资源，统筹协调校内外相关部门的关系，联合各方面的力量，特别是加强与校外活动场所、基地的沟通协调课程研制。学校管理人员、教师（教辅人员）、家长代表共同组成学校"研学实践实施工作小组"，由学校主要领导担任组长。具体履行以下职责：

1. 整体规划

学校要对全学段研学实践进行整体规划，每年度研学有不同主题，红色革命传统、优秀历史文化、特色农业与现代化建设、新时期劳动教育等领域逐次轮流进行，保证学生在研学中广泛接触社会生活实际的方方面面。

在研学中主要采用四种活动方式（考察探究、社会服务、设计制作、职业体验）、劳动技术教育方式（家政劳动、农林劳动、工业制造、工艺技术、设计创造、职业体验），突出体验、实践、探究性，坚决杜绝单纯的走看课程、听讲课程、游戏课程、纯技术课程以及学科拓展课程。

研学实践是国家必修课程综合实践重要组成部分，学校原则上要以班级、年级或全校为单位组织学生参与。学校在组织研学实践活动前应以多种形式将活动内容、时间安排、出行线路、食宿安排、所需费用明细（含保险费用）、文明安全等注意事项告知学生和家长，明确学校、家长、学生的责任和权利，由家长签署同意书后方可进行，家长签署同意书交由学校留存。如学生身体原因不能参与，学校要严格审核，要求家长写出书面说明，并提供相关病例资料备查。学校要提前一周对研学实践活动内容进行说明和培训，提出研学主题、研学任务及需准备的器材等，提高研学实践的质量。在研学实践活动过程中，学校要配备班主任、指导教师进行全程跟班指导和管理，指导学生开展深度研学。

2. 计划报批

每学期开学前两周内，学校向上级教育行政部门申报学期研学计划（春季学期研学时间段为 3 月至 8 月，秋季学期研学时间段为当年 9 至次年 2 月）或全年度研学计划（见附件 1）。研学计划经教育行政部门同意后，学校才能启动研学实践后续工作。研学实践活动期间，学校应严格按照批准的申报内容执行，原则上不得更换人员、变更时间，严禁随意调整行程、经费使用计划等。如遇特殊情况，应第一时间报告主管教育行政部门，根据批复意见执行。

3. 经费核算

学校应当对活动过程相关费用做到严格核算，学校可自行组织或者委托第三方研学承办机构实施研学实践，承办机构应当具备文化和旅游部《研学旅行服务规范》（LB/T 054—2016）所规定的行业资质。学校要严格执行采购程序要求，采用竞争性谈判、竞争性磋商、询价采购等方式，确定中标单位。招标公告和中标结果要在学校和教育行政部门的门户网站公示，招标公告必须包括研学实践活动的研学主题、起止时间、参加对象及人数、研学路线、收费项目等相关内容，评标领导小组由 7 人组成，其中一线教师和家长代表不低于 5 人。

4. 告知家长

通过家长委员会、致家长的一封信或召开家长会等形式告知家长活动意义、时间安排、出行线路、费用收支、注意事项等信息。与家长签订协议书，明确学校、家长、学生的责任权利。

5. 制订计划

制订研学实践计划，结合实践基地和研学点的资源特点，与基地协商开发研学实践课程、后拓课程，制定研学实践主题活动方案和安全预案，并认真组织实施。

6. 资料收集

学校应当建立研学实践档案管理制度，对学校研学实践工作计划、工作方案、课程内容、照片影像资料、总结材料、家长反馈资料和对承办单位、研学实践基地的评价资料等进行归档整理。

7. 展示评价

加强研学实践的展示交流评价，及时设计拓展课程，与学校综合实践融为一体。

8. 安全保障

中小学校必须坚持"安全第一"的原则开展研学实践活动。学校组织研学实践活动，应做好安全保障：

第一，制订研学实践活动方案和应急预案，建立科学有效的研学实践安全保障体系，落实安全主体责任。

第二，有针对性地对参与研学实践师生进行安全教育与培训，帮助其了解有关安全规章制度，掌握自护、自救和互救方面的知识和技能。

第三，每次组织研学实践活动要为全体师生投保校方责任险。并在外出活动时为全体学生和带队教师购买涵盖活动全程的医疗保险及意外伤害保险、交通责任险等。

第四，与参加研学实践学生家长和委托开展研学实践的企业或机构签订安全责任书，明确各方安全责任。

第五，学校要加强对研学实践计划执行情况的监督，每车或每队设置一名安全员。学校和承办机构要配备足够的教师、辅导员及志愿者，配备人员与学生比例不低于1:15。

第六，如遇到不可抗拒的自然灾害，重大治安、公共卫生突发事件，火灾、食物中毒、交通事故等突发安全事故时，学校应立即启动安全应急预案。

第七，为了保障研学实践安全、有效，学校可分年级、分学段开展研学活动，避免全校大规模一次性外出的方式。

五、行政部门对研学实践课程的组织与管理

各地教育行政部门和中小学要探索制订中小学生研学实践工作规程及管理办法，做到"活动有方案，行前有备案，应急有预案"。

（一）理顺机制

教育行政部门负责中小学校研学实践活动的具体业务指导和监督，要理顺管理机制，省、市、区统一管理归口；如省级研学实践统一由学生处管理，市级、区级的管理必须对口管理，不得形成多头管理的情况。

（二）明确主体

教育行政部门负责中小学校研学实践活动的具体业务指导和监督，学校负责研学实践活动的组织和实施。学校和研学基地（营地）是课程开发、实施的主体；可委托承办机构负责保障交通、食宿等后勤方面工作。严禁学校将研学实践活动完全交由承办机构组织实施，由承办机构安排研学基地的情况。

（三）规范要求

督促学校要在市级教育局选树的研学实践基地和爱国主义教育基地中选择基地确定研学路线。引导义务教育阶段的学生了解乡情、区情、市情，避免盲目组织小学生、初中生开展省外研学，高中学段的学生可适当开展省外研学活动；研学实践申报材料至少提前一周网上申报，市外的研学实践申报材料至少提前10天网上申报。

（四）加强评价

第一，对学校开展的研学实践活动是否体现了与综合实践的深度融合、是否有主题性、探究性等课程规范性予以评价。

第二，建立健全中小学生研学实践评价机制，组织学生通过实践平台对研学实践基地（营地）、承办机构进行满意度评价。对于满意率低于85%的承办机构要解除合同，不得再组织研学实践活动。将中小学组织学生参加研学实践的情况和成效作为学校综合考评体系的重要内容，作为学生综合素质评价的重要依据。

第三，教育行政部门和旅游部门定期对研学实践基地的课程设置、接待数量、服务质量和社会效益等进行督查评价。

（五）责任追究

加大对学生研学实践的监督和管理力度，建立研学实践责任追究机制。同时，实行研学实践第三方承办机构退出机制，凡发生安全责任事故和重大服务质量投诉等情况，取消研学实践承办资格。

对出现重大违规违纪的学校，发现一起，查处一起、通报一起，年终绩效考核降等处理；出现重大安全责任事故，年度绩效考核一票否决。

建立健全问责机制。对于违反以下情况之一的学校和个人，视情节轻重，给予通报、诫勉、组织调整或者组织处理、纪律处分等。

1. 不履行申报程序或备案，擅自外出的；

2. 未经批准，擅自改变活动时间、地点、外出人员、经费来源或使用标准等审批内容的；

3. 带队教师等工作人员费用在学生研学实践费用中支出的；

4. 学校工作人员在研学承办机构或基地（营地）领取相关费用的；

5. 安全教育、安全方案流于形式，任务不清，责任不明，未把职责落实到人，造成伤亡责任事故，造成不良影响的；

6. 违反相关法律法规和纪律规定的其他行为。

（案例提供：作者本人）

【案例二】

劳动教育综合主题开发——劳动周设计

一、什么是劳动周

劳动周是指每学年设立的、以集体劳动为主的、具有一定劳动强度和持续性的课外、校外劳动实践时间。劳动周是劳动课程的重要组成部分，劳动周与每周至少 1 课时的劳动课不能相互替代。劳动周的设置丰富、拓展了劳动教育的实施途径，有助于发展学生的劳动意识与能力，打通学校与社会的联系，发挥劳动教育的综合育人价值。

二、劳动周的设计

（一）主题选择

主题选择，一是注重价值引领。主题设置应体现劳动价值观的培育和劳动精神的培养，如"三百六十行，行行出状元""发现身边的劳动者""世界青年技能日"等。劳动教育的本质在于培养劳动价值观，这是激发学生内在劳动动机，习得劳动智慧，培育劳动品质，形成劳动素养的基础。

二是遵循教育规律。新时代劳动教育必须遵循教育规律，遵循学生的身心成长规律，符合学生年龄特点，以体力劳动为主，注意手脑并用、安全适度。为此，需要根据不同阶段的学生特点进行系统设计。小学阶段，注重基本生活技能、劳动意识和劳动习惯的培养；中学阶段，侧重培养劳动技能、劳动价值观、劳动精神；大学阶段，将学生的创新创业能力培养作为重要目标，引导大学生积累职业经验，树立正确择业观，培养到艰苦地区和行业工作的奋斗精神。

三是坚持因地制宜。劳动周主题应该结合不同地区和学校在自然、经济、文化等方面条件，发掘行业企业、职业院校等可利用资源，宜工则工、宜农则农，采取多种方式开展新时代劳动教育。要利用现有综合实践基地、青少年校外活动场所、职业院校和普通高等学校劳动实践场所，建立健全开放共享机制。农村地区可安排相应土地、山林、草场等作为学农实践基地，城镇地区可确认一批企事业单位和社会机构作为学生参加生产劳动、服务性劳动的实践场所。政府部门可协调和引导企业公司、工厂农场等组织履行社会责任，开放实践场所，支持学校组织学生参加力所能及的生产劳动、参与新型服务性劳动，使学生与普通劳动者一起经历劳动过程。鼓励高新企业为学生体验现代科技条件下劳动实践新形态、新方式提供支持。工会、共青团、妇联等群团组织以及各类公益基金会、社会福利组织，可组织动员相关力量、搭建活动平台，共同支持学生深入城乡社区、福利院和公共场所等参加志愿服务、开展公益劳动、参与社区治理。通过多方力量、多种形式，促进新时代劳动教育不断深化、落地生根。劳动周的主题建议以学生的生活实际和社会生产实际为出发，结合校外学工学农等生产劳动、校外服务性劳动等进行选择，如"走进美丽乡村"。注重培养学生自理、自立能力，选择日常生活劳动内容；注重从时令特点和区域产业特色出发，选择工农业生产劳动内容；注重培养学生社会责任感，选择学生力所能及的公益劳动和现代服务业劳动内容；注重选择体现中华优秀传统文化和工匠精神的手工劳动内容，适当引入体现新形态、新技术、新工艺等的现代劳动内容。

四是体现劳动任务的持续性。劳动是态度、是观念，也是责任和习惯。当前还需要解决将劳动当作"学校要求我才做""有时间我才做"的问题。引导学生将劳动作为学习生活不可或缺的部分、不可推卸的责任。做"长"劳动实践，有助于让行为成习惯、习惯成自然。可以设计长周期性的实践活动任务，让学生经历完整的劳动过程，并督促其习惯成自然。通过设置一些跨时空、长周期的劳动主题，让学生在完成一系列项目和劳动任务的过程中，养成吃苦耐劳、持之以恒等劳动品质。

五是体现时代特征。注重传统技术和现代科技相结合。中华民族是一个勤于劳动、善于创造的民族。从《尚书》中的"克勤于邦、克俭于家",到《国语》中的"劳则思,思则善心生",再到《朱子治家格言》中的"黎明即起,洒扫庭除,要内外整洁",诸多古训格言都彰显了勤俭自持、耕读传家的中华传统美德。当今时代,随着经济社会发展,劳动形态发生巨大变化。这就要求劳动教育与新技术、新产业、新业态相呼应,挖掘劳动教育新内涵,创新劳动教育形式,鼓励学生运用多学科知识,开展创造性劳动,使新时代劳动教育适应科技发展和产业变革要求。深化产教融合,改进劳动教育方式。强化诚实合法劳动意识,培养科学精神,提高创造性劳动能力。劳动教育要与立德、增智、强体、育美,实现道德的提升、智慧的增长、体质的强健、美感的涵养,进一步彰显劳动教育在新时代的综合育人价值。因此,劳动周主题选择既要考虑传统劳动,也要考虑新形态劳动。

(二)内容设计

劳动周的内容安排,围绕劳动主题的意义建构,设计一系列劳动任务,促进学生在完成任务和解决问题的过程中发展核心素养。

一是要注重劳动任务序列化。劳动教育必修课需要围绕日常劳动、服务性劳动、生产劳动的要求进行序列化、层次化设计,确保劳动课时和劳动周的规范落实。比如,一至二年级,重点引导学生做好自己的日常生活管理,做好家庭劳动;三至六年级,引导学生参与学校和社会的学习服务和日常生活,兼顾劳动活动;七至九年级,开展更多体现社会责任担当的公益服务活动;十至十二年级,适当增加创新性劳动的内容。脑手并用,以"研中学""做中研"的劳动实践方式,引导学生重视知识和技术的运用,创造性地开展日常劳动。要落实综合实践活动课程,增加创造性劳动体验。要让学生有更多机会接触体现科技和创新的劳动,如各类学工、学农、职业岗位体验与模拟生产等活动。要组织开展问题解决体、美相结合式的劳动实践学习。根据劳动主题,将问题前置,以问题解决为目标组织实践学习。要让学生带着研究任务进入劳动现场,主动发现、主动实践、主动研究。比如,组织学生进行农事劳动体验时,可以把二十四节气研究和劳动实践相结合,融入中国传统农耕文化研究。通过由近到远、由己及人的序列化递增设计,引导学生的劳动实践逐步进阶、落到实处。强调项目和任务循序渐进、相互关联、互为支撑。既可按照劳动实施的自然顺序,也可按照劳动主题,确定劳动内容、分解劳动任务。

二是要注重劳动任务综合化。劳动任务的确定,既要注重把劳动实践与其他课程学习有机结合起来,也要注重覆盖多个任务群,引导学生综合运用所学知识和技能解决实际问题。劳动课程内容共设置十个任务群,每个任务群由若干项目组成。其中,日常生活劳动包括清洁与卫生、整理与收纳、烹饪与营养、家用器具使用与维护四个任务群,生产劳动包括农业生产劳动、传统工艺制作、工业生产劳动、新技术体验与应用四个任务群,服务性劳动包括现代服务业劳动、公益劳动与志愿服务两个任务群。

三是要注重劳动任务科学化。劳动周的任务设计,要体现与学段相适应的劳动强度和难度,考虑时间安排的合理性。

四是要注意劳动任务形态的多样化。劳动课程强调学生直接体验和亲身参与,注重动手实践、手脑并用,知行合一、学创融通,倡导"做中学""学中做",激发学生参与劳动的主动性、积极性和创造性。注重引导学生从现实生活的真实需求出发,亲历情境、亲手操作、亲身体验,经历完整的劳动实践过程,避免单一、机械的劳动技能训练,避免简单的劳动知识讲解,避免缺少实践、过于泛化的考察探究。注重引导学生通过设计、制作、试验、提炼、探究等方式获得丰富的劳动体验,习得劳动知识与技能,感悟和体认劳动价值,培育劳动精神。尽可能地丰富劳动周的活动形式,如劳动项目实践、技能竞赛、劳模大讲堂、主题演讲或辩论、成果展示、职业体验等。

(三)时间安排

劳动周一般在学年内或寒暑假自主安排,也可以根据农业时令特点安排在夏季农忙时节或秋收时节等,还可以安排在学雷锋纪念日、植树节及爱国卫生运动周等时间。劳动周一般每学年安排一次,具体时间可根据劳动周的内容设计和具体任务确定。劳动周的时间安排可以打破年级限制,进行统筹实施,让不同年级的学生在共同的劳动周活动中,互帮互学、合作建构,形成良好的劳动合作与竞争氛围,促进劳动育人价值的实现。

(四)资源利用

一是统筹和利用好社会、家庭和学校的现有资源。结合当地历史文化、自然资源及本校校情等，利用当地博物馆、非物质文化遗产馆、生态园、茶艺馆、校史馆、研学基地等劳动教育资源和空间，实行"一区一案""一校一案""一家一案"等，开展个性化的劳动周活动。如我校积极开发校园及周边资源，我校毗邻湖南省中医药大学，很多家长就是大学的教授。因此，我们开展中草药劳动教育的探究；另外，我校附近有岳麓农趣谷，因此我们组织开展了"走进天露园葡萄基地"，学习并体验葡萄的种植、采摘；我校对面就是晚安工业园，于是，我们带学生走进晚安车间，学习现代最先进的床垫制作方法，体会精益求精的工匠精神。案例分享："有机肥料的制作方法"研学基地课程设计。二是统筹和利用好各类活动资源。可结合校园科技节、校园文化节、校园劳动节、研学实践等活动，也可通过组织全校劳动技能竞赛等方式，对劳动周进行系统、整体安排。我校每年的美食节，都是师生、家长一起动手做美食，薄荷果冻、桂花糕、中草药饺子……三是统筹和利用好教师资源。除了劳动教育专门师资外，可聘请不同行业的优秀工匠、非物质文化遗产传承人及经验丰富的农民、技术工人等担任指导教师。四是多方优化和开发劳动教育资源。学校可优化设计劳动实践环境，如建设"校园生活馆""快乐农场"等。家庭可开辟阳台、露台"种植角"。教育行政部门应加强统筹，打通区域壁垒，共建共享青少年劳动实践基地。我校园开辟了中草药种植园、中草药长廊、金银花长廊等劳动教育场地，并与博庠生态农业科技园携手，共建了校外劳动"小农场"，现已挂牌，下一阶段，将在校外劳动场域上不断做出成效与特色。

三、劳动周的组织与实施

（一）周密计划和组织动员

一是周密计划，做好详细的劳动周方案。对劳动周涉及的人、财、物、事，以及时间、空间等要素有缜密的统筹和规划，并做好安全防范预案、意外事件处理紧急预案等；对劳动主题选择、劳动任务分配、劳动流程设计、材料选择、工具使用、过程记录、成果分享与处理、活动评估与改进等方面进行细致安排；对每日活动、每项任务进行明确、有序的组织与监控；对组织、协调、指导和参与管理的人员有明确的分工，使其有清晰的职责。二是组织动员，凝聚各方面共识。提前对教师、学生和家长做好充分的动员教育，帮助师生及家长理解劳动主题的意义，明确劳动周的任务及其要求，做好各方面的准备；发挥学校的主导作用、家庭的基础作用和社会的协同作用，引导家庭和社会积极参与，使学生参加劳动周活动在实践上有支持、时间上有保证、资源上有保障。

（二）注重各方面衔接

一是劳动空间的衔接。劳动周的活动空间主要在课外和校外。一、二年级一般以家庭、班级、校园为主；三、四年级可以到社区等校外场所；五、六年级及以上可以走入农业、工业、现代服务业的真实社会场域，有条件的地方和学校应适当考虑到高新技术企业体验现代科技条件下劳动实践的新形态、新方式。二是劳动内容的衔接。按照学生知识、技术能力的已有基础和发展进阶设置劳动任务。从一至二年级开始，劳动内容难度按照"简单—复杂—综合"逐渐提高。例如，可根据季节更替，将春种秋收的任务有效衔接。三是劳动时段的衔接。对于某些因受时间限制无法在学校课堂组织或有效完成的劳动任务，可在劳动周补充实施。

（三）重视劳动实践的内化

在劳动周的活动安排中，要鼓励学生立足动手做，结合用脑想、用笔写，促进其核心素养的发展。一是明确价值意义。通过让学生查阅相关资料、讨论劳动周主题的意义、参与劳动周的计划制订等活动，让学生形成对劳动周活动的积极期待和良好情感。二是持之以恒。通过出力流汗、坚持不懈地完成有一定难度的劳动任务，掌握生活技能、生产技能和服务技能，培养学生精益求精的工匠精神。在活动过程中，鼓励学生主动思考、自觉参与、小组合作、积极探究，注重培养学生的问题解决能力和创造力，发展学生的劳动能力和劳动品质。三是充分交流展示。通过分享交流及评价，深化学生的劳动体验和价值体认。如写劳动周志，记录自己的心得体会和任务完成情况等，并指导学生依据各项评价标准对自己和他人在劳动过程中的表现作出评价。

（四）切实保障劳动安全

劳动安全包括劳动环境安全和劳动过程安全。一是劳动环境安全。要充分考虑劳动中可能遇到的在田埂、渠道、河边、山坡、建筑工地等处行走的安全问题，防止雷暴、冰雹、高温等天气引发的安全事故，加强生产劳动中有害气体的防范及重污染天气的防范等。二是劳动过程安全。在完成劳动任务的场所设施选择、材料、选用工具设备，以及防护用品使用、活动流程规划等方面要符合操作规范要求，规范生产工具、设备的使用，预防生产安全事故发生；要注意用火、用电、用气及可能使用到的化学试剂等的安全，防止触电、火灾、烧烫伤等事故的发生。此外，还要注意提醒学生，在集体活动中不要掉队、不要擅自离开集体，注意自己的人身和物品安全等。

四、劳动周的评价

劳动课程评价是劳动课程体系建设的重要组成部分，对促进劳动课程的目标实现、保障劳动教育的实施效果等具有重要意义。劳动课程评价要遵循基本的原则，注重平时表现评价和阶段综合评价。

（一）评价的基本原则

第一，导向性原则。以核心素养为导向，关注核心素养四个方面的发展状况，以及在劳动过程中的体现。通过评价的积极引导作用，促进劳动育人价值的实现。第二，发展性原则。发挥评价的反馈改进功能，促进学生认真参与劳动学习与实践，改进教师教学安排。教师要着眼于学生劳动过程的动态发展，充分肯定学生在劳动中的进步，正确对待劳动中出现的问题，鼓励学生不断改进提高。第三，系统性原则。应整体、系统地进行评价，并贯穿学习始终。发挥教师、家长和学生等多元主体评价作用，依据学生年龄特征和学习特点，制订循序渐进的评价目标。注重过程性评价与结果性评价相结合，兼顾家庭劳动实践评价与社会劳动实践评价，采用多样化评价方式，如项目实践、交流对话、技能测试等，持续地反馈信息。

（二）平时表现评价

劳动课程平时表现评价旨在通过了解学生在劳动过程中的表现，判断学生的劳动效果，调整教学实施，更好地实现课程教学目标。

1. 评价内容

评价内容要紧扣课程内容要求和劳动素养要求，客观准确地反映学生在真实情境下劳动素养的表现水平。不同类型的劳动内容、不同任务群评价的侧重点有所不同。日常生活劳动侧重于卫生习惯、生活能力和自理、自立、自强意识等的评价。生产劳动侧重于工具使用和技能掌握、劳动价值观、劳动质量意识，以及劳动精神等的评价。服务性劳动侧重于服务意识、社会责任感等的评价。

2. 评价方法

评价方法的选择与使用要有利于学习诊断和促进发展。劳动课程的评价方法以表现性评价为主，可以采用劳动任务单、劳动清单、劳动档案袋等工具。利用劳动任务单记录某项劳动任务的方案设计、劳动过程、劳动成果、劳动体会等情况。劳动任务单可作为评价学生劳动学习与实践效果、劳动目标达成情况的依据。

利用劳动档案袋有目的地收集学生一段时间内劳动学习与实践情况的材料，了解学生在该段时间内作出的努力、取得的进步和成就。劳动档案袋主要收集劳动实践活动的过程性记录，可包括以下内容：劳动方案、劳动过程的照片和视频、劳动成果、劳动日志、自我反思、他人评价等。有条件的学校或地区可建立相应的数字化平台，进行劳动课程的过程性和结果性评价。

针对具体的劳动学习与实践的目标和内容，可采取相应的方法进行评价。例如，日常生活劳动可以劳动清单为主要依据，家校合作共同评价；生产劳动可以劳动任务单为主要依据，结合劳动任务的完成过程和劳动成果情况进行综合评价；服务性劳动可以劳动档案袋为主要依据，结合服务对象的评语和多方面的材料进行综合评价。

针对不同学段，可灵活使用多种方法进行评价。例如：一至二年级应鼓励学生使用劳动绘本、劳动日志、星级自评、贴小红花等方式体现劳动过程和劳动感受；三至六年级可以采取劳动叙事、劳动作品展示等方式记录劳动过程；七至九年级可以采用劳动测试、评语评价、展示评价和劳动档案袋等方式进行；职业教育的学生可以参考九年级的评价方式，或在此基础上适当拔高要求，可以体现在学生的学分评定等方面。

（三）阶段综合评价

劳动课程阶段综合评价是学期、学年或学段结束时进行的综合评价，反映学生劳动课程学习的水平和核心素养的阶段性达成情况。

劳动课程阶段综合评价应采用过程性评价与结果性评价相结合的方式。过程性评价可结合档案袋进行；结果性评价可采用测评形式，通过考查学生在完成测评任务过程中的表现来进行。评价学生劳动意识的建立、个体日常生活技能的掌握；三至六年级侧重评价劳动观念、劳动习惯的养成和基本劳动技能的掌握；七至九年级侧重评价劳动能力的提升、劳动品质的形成和劳动精神的培养，以及设计能力、团队合作能力的形成等。要用好评价结果，充分发挥评价的反馈改进功能，依据评价目标和评价标准对评价结果进行恰当的解释，帮助学生了解自己的劳动学习与实践状况，提出改进策略。

（案例提供：湖南省长沙市湘江新区博才白鹤小学　王谢平）

【案例三】

跨学科跨学段专题化教学探讨
——以"神奇的植物"专题为例

一、研究缘起

科学组的老师关注到了这样的一个具体问题：小学科学课程标准要求，学生通过六年的学习，能够认识到人与自然和谐共处的必要性、重要性，从而更加热爱大自然。而在对六年级毕业生进行科学素养评估时发现：大多数六年级学生并没有达成这个目标，这是为什么呢？是不是因为这个目标较宽泛、较复杂，仅靠科学一门学科，还不足以达成？是不是还需要其他学科来帮忙呢？通过组内探讨，我们认为基于真实情境的学科整合可能是一种很好的解决方法，于是我们制定了跨学科跨学段专题化教学的研究方向。

二、具体实施

具体实施分五步走：建设团队、确立主题、制定整合课程、组织教学、交流评价。

（一）建设团队

既然科学学科教学可能还不足以达成这个目标，所以我们组建了"1＋1＋X"教师团队，即一名综合实践骨干教师、各学科一名骨干教师和多名对该项目感兴趣的教师团队。此外，为了让设计的课程内容和形式更适合学生，我们还发布了召集令，在各班选出了1名代表参与活动的组织、策划和实施，让学生也成为团队中的一员。这是成长式培训活动的现场。

设计意图：好的团队是成功的一半。我们先对团队成员"配比"进行了创新，有领头羊带领向上，也有各科骨干老师开拓边界，更有感兴趣的学生和老师不断输入满满的能量。接着，开启专业引领、自主学习、同伴互助、自我反思的学习，达成团队共识：一起成长、共同迭代。这样一个向上爱学习的共同体，将成为整个活动开展的有力保障。

（二）确立主题

选择什么专题为载体进行教学，更有利于让学生认识到人与自然和谐共处的必要性、重要性呢？于是，我们团队开始研读各学科课标和指导纲要，发现除了科学外，语文、美术学科也有观察大自然、大自然审美表达及热爱大自然的相关目标。所以我们主要整合科学、美术、语文，当然还有综合实践学科理念的引领。而说到大自然，学生和老师最熟悉、最感兴趣、最易研究的就是植物，所以我们将整个专题定为"神奇的植物"。

围绕植物，不同学段有怎样的要求？为此，我们梳理出了低中高年级科学、语文、美术课标中的相关要求，如：中年级科学课标要求了解人类的生活和生产可能造成对环境的破坏，具有参与环境保护活动的意识，愿意采取行动保护环境，节约资源；语文要求观察大自然并书面与口头结合表达自己的观察所得。美术要求在绘画作品中表现自己所观察到的事物的特征和感受。综合考虑后，我们将中年级的总目标定为：保护大自然。用同样的方法将低年级和高年级的总目标定为：亲近大自然、敬畏大自然。

目标定好了，具体设置怎样的主题作为载体来研究呢？我们团队开启了新一轮头脑风暴，成员各抒己见，经过多轮讨论，科学吕老师的提议被采纳：她提议中年级的主题定为植物善洗涤，因为一般的洗涤剂多少会对环境造成污染，而用植物做洗涤剂可谓是生态又环保，一个小行动，就能保护大自然。此外，很多孩子不知道植物有这个神奇的功能，这个主题对孩子们来说很新奇，会大大激发学生的好奇心等等。低年级和高年级我们用同样的研究方法将主题定为：植物可美容、植物会治病。我们希望在整个专题学习中，学生能通过三个主题慢慢亲近大自然、萌生保护大自然的勇气和力量，找到大自然与人类和谐共处的秘密法则的全过程。

设计意图：我们从课标的研读出发，明确学段目标，寻找适合的主题范围，在确立主题时还结合了老师、学生的兴趣和特点，学校周边资源等。这样确立的主题探究才能紧扣教材、老师才能持续发力、学生才能兴致昂扬，各方资源才能持续赋能。

(三) 制定整合课程

主题确定好了，如何构建出跨学科跨学段的整合课程呢？以四年级为例：关键动作一，罗列相关教材。选出小学科学、美术、语文等教材中与植物相关的教材内容，如，这是我们整理出的小学科学中与"神奇的植物"相关的教材内容。关键动作二，分解出小主题。结合罗列教材，同伴们经过多轮讨论、补充，将"植物善洗涤"主题分解出了五个有逻辑的小主题：确定研究方向、体验植物洗涤奥秘、植物善洗涤解密探究、植物洗涤产品开发研究、植物善洗涤宣传推广。关键动作三，挑选合适教材。从各科教材中选出适合的内容，如，科学三上《第四单元　水和食用油的比较》、美术四上《色彩对"印"》、科学六下《第二单元　米饭、淀粉和碘酒的变化》等，并将这些内容整理到每个小主题下。关键动作四，命名整合课。梳理确定每一节整合课的课题。"植物善洗涤"课程框架就建构出来了！真正做到跨学科跨学段！

最后，我们明确了每一节课的课时、授课学科、授课老师，制订了5个单元共计12课时的教学计划表，并撰写每一节课的教案，明确目标和细化内容。这是最终制订的"神奇的植物"专题课程框架。

设计意图：从课程框架的建构到教学计划表的制订再到教案的撰写，这样由模糊到逐渐清晰到细节落实的过程，课程建构做到有主题、有目标、有内容、有逻辑，为后续实施做好有力铺垫。

(四) 组织教学

接下来以四年级"植物善洗涤"主题为例来介绍具体的教学过程：

【第一单元　确定研究方向】

第1~2课时：综合实践活动课"主题确定和分解"

在主题活动学习前，学生要做好如下准备：用多种方法收集常见洗涤剂的信息，看，孩子们走进超市，对常见洗涤剂进行了实地调查。

综合实践课上，学生汇报了收集到的常见洗涤剂的信息，老师引导学生发现：部分洗涤剂中含有磷、荧光剂、增白剂等，可能会对环境造成一定的污染。怎么去解决呢？通过讨论交流，发现植物也能当做洗涤剂，于是提出了"植物善洗涤"主题。接着，孩子们经过头脑风暴、分类整理，梳理出了体验植物洗涤奥秘、植物善洗涤解密探究、植物洗涤产品开发研究、植物善洗涤宣传推广四个小主题，并对四个小主题进行逻辑排序，同步探究。

【第二单元体验植物洗涤奥秘】

第3课时：综合实践活动课"实地考察方法指导"

哪些植物可以当洗涤剂？老师带着学生走进植物资源丰富的基地，对据说有洗涤作用的皂角、无患子等植物进行实地考察，体验了无患子的采摘、干燥加工等过程。活动结束后，给学生布置了一个特色实践作业：体验植物洗涤。孩子们将在基地采摘的植物带回家，在家长的指导下体验了用淘米水、皂角、无患子、柠檬等去洗涤碗筷、头发、抹布，效果居然都很不错。

【第三单元 植物善洗涤解密探究】

第4课时：科学课"淘米水去油解密"

这就更加坚定了学生的研究方向！也引起了学生新的思考：为什么这些植物可以去油、去污呢？

带着这些问题，学生向科学老师发出了邀请。科学课上，老师带领学生进行淘米水去油实验。通过观察、对比、分析等，发现淘米水就是淀粉水，是一种很好的吸附剂，能吸附在油污表面，将其分解成小油滴！看，科学课上孩子们正在汇报他们的观察发现。那无患子、茶枯等去污去油的原理又是什么呢？我为学生这些新的、深入的思考点赞！我们联系了湖南中医药大学的李斌博士，她听到请求后，发来视频为我们答疑解惑！还进一步介绍了植物洗涤成分萃取的方法！

【第四单元 植物洗涤产品开发研究】

第5~6课时：科学课"制作果皮酵素""自制无患子香皂"

原理清楚后，我们决定将洗涤植物进行升级，探究出新的植物洗涤产品。科学课上学生将身边不新鲜的水果、果皮和果核等厨余垃圾收集起来变身植物酵素。劳动课上学生将无患子浸出液或无患子粉末变身环保植物香皂，瞧，孩子们正在讨论无患子香皂礼物的设计！

科学课和劳动课打开了孩子们创意物化产品升级的视角，为此，老师给孩子们布置了一个特色实践作业：设计和制作一款植物洗涤产品。看，无患子洗手液、茶枯洗发水、皂角洗衣液、无患子洗洁精等都被孩子们研发出来了。

第7~8课时：美术课"设计制作包装盒"

如何让自制的无患子香皂、果皮酵素等变成更好的产品，孩子们提出需要给它们设计一个精美、实用、有特色的包装盒。

美术课上，学生们先设计制作出了圆柱体、四菱柱等不同形状的包装盒，接着利用拓印、对印、喷洒等艺术手法去设计包装盒图案，从而凸显出了洗涤植物的神秘莫测和独特魅力，看，这个小组正在汇报他们制作的特色包装盒！

离完美的产品，还缺少一份说明书。为此，老师给孩子们布置了一个特色实践作业：设计制作一份说明书。看，这是孩子完成的特色实践作业单，孩子课后带着作业单走进商店去观察梳理包装信息，还和爸爸妈妈一起设计了说明书的文字内容、图案和形状，最后还收获了自己和家长的9星评价。

【第五单元　植物善洗涤宣传推广】

植物真的太神奇啦，真是一位了不起的环保洗涤达人，孩子们将自制的洗涤产品送给家人、邻居、朋友，还为学校厕所设计和安装了一款香香植物洗涤包，它是由茉莉花和无患子、茶枯混合而成！得到了同学们的一致肯定和表扬，学校越来越多的同学加入我们！但校园舞台有限，如何才能让更多的人加入我们，去了解和使用植物洗涤剂呢？

第9课时：少先队活动课"策划主题义卖活动"

少先队活动课上，我们对这个问题进行了讨论，有学生带来了长沙市杜鹃花开爱心义卖招募活动的通知，想到到时候会有很多人来参加，我们一致认为这会是一个非常棒的宣传大舞台。于是我们联系了长沙市慈善基金会，并通过了市教育局的考核，顺利获得了"小摊位"经营权，可把他们高兴坏了！

第10课时：数学课"商品定价"

但问题也接踵而来，卖多少钱合适呢？数学老师开展了"总价＝单价×数量"的研究活动。在讨论过程中，学生们面临两个困难：定价太低，自己亏本；定价太高，顾客不买。只有将二者平衡好，才能募集更多善款。听听孩子们都是怎么思考这个问题的。通过数学老师的指导及学生们反复的讨论，最后他们估算出了每盒香皂的成本是3元，只要定价不低于3元，就能盈利。具体定价多少，还要学生通过特色实践作业去进一步调查香皂的市场定价才能确定！

第 11 课时：美术课"设计制作洗涤植物服装"

定好价格后，就要准备销售了。销售团的成员们一致认为，需要设计独特的服装，来彰显产品的文化、精神和特色，也就是洗涤植物文化衫。在美术课上，学生们将洗涤植物特点进行大胆自如的变化设计，或夸张或简化或添画，充分发挥了创造力和想象力，真是美爆了！

设计容易制作难。在特色实践作业中，学生们低估了服装制作的难度，在大家共同努力下还是失败了，但这是一次宝贵的试错过程。事后，学生总结经验，提出了多个解决方案：如，将服装改成简单的 T 恤，使用扎染染色等！

第 12 课时：语文、音乐整合课"创编植物洗涤歌"

为了吸引更多的顾客，让顾客了解洗涤植物，学生们还创编了一首植物洗涤歌。语文课上，学生们从善洗涤植物的特点、使用方法、如何环保等方面进行歌词创编。看，这是各组创编的歌词组合。

音乐课上，老师带着学生给歌词选择合适的节奏、乐器，配上欢快的动作，奏出了新歌。

一切都准备就绪了。终于，一场火爆的义卖活动拉开了序幕！同时，"植物善洗涤"学习之旅也接近尾声！

设计意图：在组织教学中，我们一方面借鉴综合实践活动六种课型：主题确定、主题分解、活动策划、方法指导、阶段交流、展示评价，让学生经历整个活动的全过程。另一方面，联动多方资源，弹性互动，学习的时间、地点和老师都可随着孩子们的需求而弹性变化，使学习空间更开放多元。

纸上得来终觉浅，还得科学实践来。"综合实践活动全过程的经历 + 家校社联动育人"的组合教学，让孩子们经历了基地考察、家庭实践、超市调查、学校实验、网络学习，跟随不一样的老师，走进不一样的教室，整个活动令孩子们充满了期待、充满了惊喜，让孩子领悟到：办法总是比问题多，只要想学习，哪里都是课堂，人人都能收获创意满满的成果！

（五）交流评价

一期一本成长手册，对学生进行过程性评价，记录成长点滴。

这是内容丰富、形式多样的表现性评价现场：在活动中表现突出的学生获得了：策划和组织学校吉尼斯节果蔬辨认达人挑战项目和科技节酵素变变变活动的奖励。我们还给学生提供了长沙市科技创新大赛、环保四联漫画大赛、岳麓区自然笔记大赛、学校植物漫画设计大赛等平台，让更多的学生找到属于自己的展示拓展舞台。

最后，我们还对学生进行了基于真实情境下核心素养检测的 PISA 测试。这是其中某问的试题设计。这样的测试有用、有趣、有效，通过对比分析，我们发现，参与活动的学生得分明显提高，从而说明学生多方面能力得到提升。

设计意图："翔实的过程性评价＋丰富的展示性评价＋有趣的终结性评价"的组合，让测评变得有用，即以评促学，鼓励学生在测评时进行迁移、应用和创新，进行再次学习、展示和交流；有趣，即测评方式多样化，设计更开放、选择更自由；有效，即围绕学科核心素养，将能力作为主要测评对象。

三、实施效果

1. 真正做到减负高效。这是"植物善洗涤"跨学科整合前后课时对比示意图，通过图表不难发现，跨学科整合教学后，完成同样的内容，从原来的 15 课时缩短到 12 课时，做到减负高效。

2. 综合素养得到发展。通过多种方式的测评，我们发现学生打从心底认可大自然、热爱大自然、敬畏大自然，同时，学生多方面的综合能力得到提升。

3. 学习兴趣明显提高。活动结束后，我们对学生进行后测访谈，发现学生非常喜欢这个专题，还表示会继续去研究植物的神奇之处，也希望学校以后多多开展这样的活动。

四、策略与要点

（一）实施策略

为使跨学科跨学段专题化教学活动可以更好地推广和本土化落地，我们团队梳理出了综合实践引领跨学科跨学段专题化教学五步走策略，具体实施为：建设团队、确立主题、制定整合课程、组织教学、交流评价。

（二）实施要点

在具体实施过程中，有以下要点需要注意：

1. 选题上要结合现实情境下真实问题的研究与解决。

2. 内容上要定位学科核心概念及学科间的大概念。

3. 目标上要指向学生核心素养的培养。

4. 方法上要依托综合实践活动学科的教学思路。

5. 评价上要做到有用、有趣、有效。

6. 组织上要联动多方资源，构建家校社联动弹性育人机制。

我们的跨学科跨学段专题化教学不是一蹴而就的，而是经历了学科内单元整合、两个学科整合、多学科整合再到跨学段的结构性重组。虽然过程很艰辛，但收获却很丰富。希望我们团队的实践和思考，能帮助大家开启跨学科跨学段专题化教学的大门！

（案例提供：湖南省长沙市岳麓区博才白鹤小学　余忠萍）

【案例四】

学校综合实践与劳动教育深度融合实施路径探索
——以"金橘怀贞质　朱实表丹诚"课程为例

第一部分：课程要求

今年教育部正式颁布《劳动教育课程标准》，认真解读课标，我们不难发现，新时代的劳动教育要求学生从现实生活的真实需求出发，亲历情境、亲手操作、亲身体验，经历完整的劳动实践过程。关键词：真实需求、完整的过程是我们特别关注的。这和综合实践活动的课程理念相通。

在课程实施方面，则要求要建立家校社联动的机制。以开放的姿态，开发优质的课程资源，让大量的优质资源进入劳动教育的课程中。这里的关键词联动，是新时代劳动教育的亮点、难点。

在教育实践中，存在着实施方式单一的问题，很难落实以上课程要求。

第二部分：主要问题

实施方式单一，主要体现在以下两个方面：一是认为劳动教育只在劳动课实施。认为只是劳动老师的任务，和其他学科、其他老师无关。局限于劳动课的单一活动形式，脱离真实的情境，无法让学生经历完整的活动过程。二是认为劳动教育只在学校实施。忽略家庭和社会在劳动教育中的重要地位，缺少联动。

因为单一的实施方式，所以，劳动教育往往只由一个个独立的劳动任务组成，劳动教育的途径狭窄，很难让学生养成劳动习惯，形成正确的劳动价值观。

第三部分：实施路径

针对这些问题，我们如何解决呢？2021 年，我校成为《综合实践活动课程建设、推进与实施》国家级教学成果推广应用示范校，在成果持有人姜平教授的指导下，依托综合实践活动，因时因地制宜，开发了劳动教育综合育人课程体系，通过主题系统开发，形成了"金橘怀贞质　朱实表丹诚"劳动教育主题活动课程。本课程分"种橘之法""品橘之味""探橘之效""颂橘之意"4 个模块 9 个小主题，每个小主题均根据研究需求设计多个项目。如："品橘之味"模块中的"自制橘子美食的探究与实践"主题，设计了"橘子养生有传统""橘子食谱趣设计""橘子美食满嘴甜""橘子美食分享会""小小礼品暖人心"5 个活动项目。课程主题统整、分层梯度设计、形成序列。

课程将综合实践活动与劳动教育深度融合，解决了劳动教育实施方式单一的问题，在教育实践中，我们探索出了基于学校综合实践与劳动教育深度融合的实施路径。

1. 纳入周课时计划，开展规范的全过程指导

我校将劳动教育与综合实践活动深度融合，劳动教育与综合实践活动同时进入课程表，保证每周至少一节劳动课的时间。成立由综合实践骨干教师、各年级优秀班主任、各学科骨干老师组成的专业综合实践教师队伍，负责综合实践活动与劳动教育深度融合的探索。由校长亲自带领，教研组开展了多形式的教研活动，提升教师素养，保证在活动实施过程中，教师有能力进行规范的全过程指导。如何保证劳动教育全过程指导的规范性呢？

首先，老师们需要了解"金橘怀贞质　朱实表丹诚"劳动教育课程，是以综合实践主题探究的形式开展的，必须清晰地知道每一个主题均需经历"发现问题，确定主题—活动策划，制定方案—围绕主题，劳动实践—总结反思，交流评价"的全过程，以此保证主题活动整体的规范性。

其次，每个主题制订详细的周课时实施计划，计划需具体到每一周的活动内容及实施劳动教育的场所。如："自制橘子美食的探究与实践"主题的课时计划，除学校实施外，还需要规划好基地学习、家庭练习、社会实践的具体活动内容，包括在学校进行前期准备阶段有哪些项目，在基地进行劳动实践有哪些活动，在家庭进行练习、拓展和创新有哪些要求，也有社会的真实体验的具体安排。这样细化的具体安排，可以保证在活动实施中，老师们能够有条不紊地、有计划地开展。这样的设置，既拓宽劳动教育的场域，又因其多样的劳动教育形式和丰富的内容，充分激发学生参与劳动的主动性、积极性和创造性，使学生在活动中既能熟练掌握劳动技能，又有创造性的产品开发，并能在真实的社会实践中感受到劳动的价值。

最后，在课程实施过程中，教师需及时跟进，在学生遇到困难时，要及时进行规范的全过程指导。如：确定活动主题，需引导学生从现实生活的真实需求出发，发现问题，确定主题。我们的主题是这么来的：湖南盛产橘子，闻名中外的橘子洲头也因盛产南橘而得名。我校校园内和很多学生家里都种有橘树，到了橙黄橘绿时，橘子成为大家追捧的美食。我们可以看到，在这主题确定课中，学生的大部分问题都集中在橘子的食用价值上，此时，老师及时帮助学生整理筛选问题，将问题转换成研究主题。最后，"自制橘子美食的探究与实践"主题应运而生。

活动实施中，劳动技能的学习与提升是最重要的部分，而学校却面临两大困难。第一，缺乏劳动技能型的专业化教师，如何对学生进行规范的技术指导？第二，有很多劳动项目，因为学校的场地、设施设备、师资等原因，无法单独在学校实施的，比如制作"安神香包"，制作"橘皮精油再生纸"，等等，均无法在学校开展。解决这些问题的最佳途径，就是和基地形成互动。学校与基地多次对接，设计了和学校课程统一的研学课程。课程包括"橘与创意设计""橘与产品开发""橘与文化传承"几个模块。通过文化植入、艺术设计、技术学习、实验研究、设计制作、社会服务等方式开展活动。在基地的研学活动，有充足的场地、完备的设施设备，专业的老师，能够保证对学生进行规范的劳动技能指导。

在活动实施过程中，学生经常会在不同的阶段遇到各种问题，此时，老师需要及时帮助学生梳理方法，解决问题。如活动总结交流阶段，学生在经历了一系列活动后，有大量的文字、图片、视频等资料，这些资料比较杂乱，此时，老师需要进行一次方法指导。这节课中，老师带领学生梳理资料整理和分析的方法，老师细致地教学生如何对资料进行分类、筛选、分析，包括如何装订，也将会和学生进行详细的探讨。有了这样细致的方法指导后，相信学生的整理分析能力将得到提升。

以综合实践的方式开展劳动教育，通过纳入周课时计划，规范的全过程指导，有效地避免劳动教育实施方式单一、没有研究，或研究过于泛化等问题。

2. 与研学相统一，开展主题劳动周

劳动周是劳动教育的重要组成部分，以前的劳动周，我们多以单一的劳动技能型比赛为主，本学期我们将劳动周与"金橘怀贞质　朱实表丹诚"劳动教育课程进行融合，开展了以"美味致敬劳动者"为主题的劳动周，历时两个星期的活动，将学校教育、家庭教育、基地研学、社会实践融为一体，加强了家、校、社之间的联系。仍以"自制橘子美食的探究与实践"主题活动为例，在劳动周中，他们围绕主题开展基地学习、家庭练习、学校展示、社会实践等一系列活动。

第一周，他们在研学基地学习制作方法，在家继续练习。如有一组学生在学习了制作橘子罐头的方法后，回到家就迫不及待地练习起来，除了继续制作橘子罐头，他们还创造性地在罐头中加入红糖、蜂蜜、牛奶等配料，或者将橘子更换成其他的时令水果，有的同学设计出创意的造型，甚至还模仿饮品店的产品，将多种水果、干果、牛奶等进行混搭，开发出更多特色产品。

第二周学校组织了劳动技能大赛，学生通过班级初赛，选拔优秀选手参加学校决赛，学生尽情地展示了自己高超的技术与独特的创意。下面是制作水果拼盘组孩子的展示现场，我们一起来感受下现场的气氛吧。赛后，孩子们又将自己的作品赠送给在学校平凡岗位上默默付出的劳动者，如老师、校医，还有食堂工友、保安、保洁阿姨等，学生通过自己的劳动致敬劳动者，他们更懂得了劳动的价值、明白劳动的崇高。

赛后第二天，学校与社区进行联动，组织学生进入社区的饮品店，学生在这里进行真实的职业体验，理解了劳动创造价值的含义。

3. 学科整合实施细化分类指导

课程实施过程中，一个主题的探究需要融合多学科的知识来解决问题，不同学科教师进行细化分类指导尤为重要。在语文课上，老师带领学生学诗歌、读故事，挖掘橘子的文化内涵。比如这位同学特别喜欢唐代诗人柳宗元的《南中荣橘柚》，他发现其中的"橘柚怀贞质"一句，和学校劳动教育课程主题"金橘怀贞质"非常相似，通过对诗词的理解，他明白了诗人借橘子赞扬了坚贞不屈的节操和坚韧不拔的精神。而对《小桔灯》的学习，则更加突出了以橘喻人、以橘传情的内涵。

通过对这些文学作品的学习，学生看到的橘子已经不仅仅是一种美味的水果，还具有了坚强不屈的灵魂、知恩图报的品质，明白了"金橘怀贞质 朱实表丹诚"的含义。

在"自制橘子美食的探究与实践"主题活动中，学生需要对自己制作的美食进行销售。因此，数学课，老师则指导学生如何科学合理地制定产品价格。老师以一份橘子罐头售价99元是否合理引发学生思考，探讨产品的定价需要考虑哪些因素。除了原材料的成本外，还有人力成本、摊位费等，还有一位同学提到确定价位，也需要考虑购买者的接受程度，产品的受众也可以成为定价的考虑因素。随后，老师提供具体案例，让学生针对案例中的数据进行实践，学习科学定价的方法。

除了语文、数学课外，在信息技术课上，老师结合信息技术教材中针对网页搜索的内容，指导学生如何利用网络搜集有效信息。在这节课上学生在网络了解到了橘子的生活习性、品种、分布情况、营养价值等信息。还有的孩子在搜集、整理橘子诗词时，竟然有了新的发现：这些诗词中大多数都提到了洞庭的橘子，刚开始以为这些诗词中提到的橘子都是家乡洞庭湖的橘子，家乡的橘子竟然在唐宋时期天下第一。没想到一查资料才知道是苏州洞庭山，此洞庭非彼洞庭呀！这些知识的扩充，为后期的活动实施打下了坚实的基础。当这位同学看到其他班级制作的诗词集中收录了这些诗词后，特意提醒他们进行了标注。

科学课，老师结合科学教材中植物的果实单元，教学生了解橘子各部位的名称，了解橘子的营养价值及不同部位的功效，再次扩展了学生的知识面。

我们以"橘"为媒，进行多学科整合实施，学生以任务为驱动，灵活运用各科所学的知识进行劳动实践，打通了学科间的壁垒，提高了学生的综合素质，发挥了劳动育人功能。

4. 三点半社团课程，发展深化学生感兴趣的方向

我校三点半课后服务的时间段开设了多个个性化社团课程。在这里，学生可以针对自己在劳动主题活动中特别感兴趣的方向继续深入地研究。如有的学生喜欢设计，他们则进行各类橘产品的包装设计，每一个设计都完美凸显了产品的特色。美术社团中，老师教学生了解包装设计有哪些组成部分。比如这个设计，除了有产品名称外，还贴心地标注了配料、产品功效、适宜人群、食用方法、保质期等内容。这些看似简单的文字背后，是学生探究精神的体现。如配料、功效、适宜人群等，在前期活动中都已了解，可以轻松写出来。而保质期、储存条件、零售价等如何决定呢？他们询问科学老师、访问专家，走入市场调查，结合数据进行分析，最后得出比较科学合理的结论。

再看看这些对橘子树的养护感兴趣的学生，他们则在科学老师的带领下进行了土壤营养成分的研究，结合五年级的科学知识，先分析学校土壤的成分，再结合在基地学到的柑橘种植营养土的制备方法配置营养土。不仅如此，校园还有杨梅、李子、石榴等果树，他们根据这些植物的习性研制不同的配方，进行土质改良，希望在学校能种植更多的果树，结出更甜美的果实。

在"金橘怀贞质，朱实表丹诚"课程实施中，孩子们从多个角度对橘进行探究，有的深入了解的橘子的生活习性，有的对橘子的营养价值了如指掌，有的学生还发现橘子的果肉紧紧团结在一起。他们希望能够将这些知识传递给更多的人，让更多人爱上橘子，学习橘子的品质，于是制作橘系列绘本的课堂吸引了一大批孩子的加入。

在妙笔生花课堂，老师指导学生以"橘"为主题撰写故事。创意美术课堂，老师带领学生了解绘本的类型和制作步骤，带领学生进行创意制作。这些绘本虽然笔触有些稚嫩，语言也不是那么精妙，但每一笔每一画都是他们最真挚的表达。在绘本制作中，从初稿的构思到印制的定稿，从语言的表达到错别字的纠正，他们不断尝试，每一个细节反复核对，最终完成一份满意的作品。

在这些个性化的社团课程中，学生的兴趣得到了进一步发展，同时也体会到了什么是精益求精的工匠精神，他们不仅是勤劳的劳动者，也是智慧的

劳动者。

5. 利用各类活动、多种形式展示学生的劳动成果

我校少先队活动、班队活动丰富多彩，利用这些活动、主题节日的机会，为学生提供成果展示的舞台，是实施劳动教育的重要途径。

比如：五年级开展了"橘子诗词集汇编实践"的主题活动，利用学校诗词节策划组织了一场"橘花开、诗满园"的诗词大会。诗词大会先通过班队课进行班级海选，再进入年级决赛，所有的诗词均与"橘"有关。共设计了诗词表演、诗词知识大比拼、诗句抢答、诗集评比四个环节。诗词表演要求参赛选手以班级为单位表演一首咏橘的诗歌；诗词知识大比拼包含古诗背景、诗人介绍、诗句含义等知识。诗集评比则由老师评委和学生评委根据各班同学汇编的诗集数量、呈现内容、编辑精美等多角度进行评比。这个舞台通过竞赛的形式，不仅展现了劳动主题活动中的物化成果，也看到了通过活动，学生的文化素养得到了很大程度的提升。

今年的六一活动，我校改变了常规文艺表演的庆祝形式，以发布会的形式开展，共设立了橘系列绘本的新书发布会和橘系列美食产品发布会，包括第一期的十套绘本，橘子罐头、陈皮果脯、椰汁橘子冻等食物，也有橘子香包、橘油再生纸等产品的首次公开亮相。有产品介绍的广告表演，有小品形式的劳动故事，有根据绘本故事改编的舞台剧，有的分享劳动过程中合作互助、集思广益、共克难关的过程，有的分享自己在劳动过程中遇到的困难、快乐和美好，等等。学生通过舞台剧、小品、诗歌朗诵等多种表演形式来推广自己的"橘系列"作品，让这个六一快乐升级、能力升级、创意也升级。

本学期的爱心义卖活动即将开始，目前我们已经看到有少代会的孩子在提案中写道，希望策划一次橘子产品的爱心义卖活动，少先队将认真考虑这份提案，并组织学生共同策划一次不一样的爱心义卖活动。通过少队、班队、主题节的活动，学生采取不同的形式展示自己的劳动成果，才思满溢，真正做到了寓教于乐。

6. 开展亲子活动，培养职业意识

家庭是劳动教育的重要场所，指导家庭开展亲子劳动教育，邀请家长参与学校的劳动节等展示活动，是劳动课程实施的重要途径。

比如在"自制橘子美食的探究与实践"主题中，学生在基地学习了制

作橘子罐头的方法，回家后，仍然坚持练习，并在家长的指导下，开发更多创意产品，和家长一起做好售卖前的准备工作，利用周末时间和家长一起走入市场进行售卖。

我校以年级组为单位，根据本学期的研究主题，指导学生完成家庭劳动任务，比如四年级"橘子营养价值的研究"的劳动主题活动，孩子们在基地了解橘子的营养及对人体健康的影响，并制作了橘饮品，该年级以此为契机，设置了"我的拿手养生菜"家庭劳动任务，要求以橘为主题，在家至少学会一道拿手菜，需要注意菜品的营养搭配。涂亦凡同学的父亲是酒店大厨，他在父亲的指导下学习制作橙汁银杏露，在中南美食节上，他们共同完成的作品因其美观的造型、合理的营养搭配及香甜的味道，受到了所有评委的一致青睐。采访时，孩子说通过在家和父亲一起制作美食，不但提升了自己的厨艺，也认识到了厨师这个职业不仅仅是要把食物做熟，还需要考虑到食材的挑选、成本的把控、营养搭配、造型等因素，也感受到了父亲的辛苦。

（案例提供：湖南省长沙市长沙县中南小学　罗彬　林雅）

【案例五】

评价尽在过程中——六一美食节评价

一、学校简介

梅怡岭小学地处长沙市雨花区跳马镇，是一所农村小学，学生都是本村子弟。花卉苗木种植、蔬菜种植是本地的经济特色，家长中种植能手很多。闲暇时候，很多的家庭喜欢制作各种风味美食，学生也经常参与其中，耳濡目染，熟能生巧，孩子们动手能力不断增强。

学校内2000多平方米的空坪隙地，都整合成为学生的实践基地，有梅园、怡园、菜园、果园、肥园、创意阳台、美食工坊等。多样化的校内实践基地，为学校常态化开展综合实践活动提供了保障。因此，我们学校进行的是综合实践与劳动教育整合模式中的常态实施模式。

每一次实践活动，都有很多家长志愿者主动参加，因此，学校的大部分主题活动都是亲子活动，他们既是家长，又是指导专家，还是孩子成长的见证者和评价者。同时，学生也把学校实践得来的知识和能力反哺家庭，双向循环，良性互动。

二、课程简介

我们已经编写了《花卉苗木》《蔬菜种植》《怡园泡菜》《绿色怡园》四套活动读本，全员开展了蔬菜种植、花卉培育、校园绿化、果树栽培、手工制作、阳台设计、环保堆肥、蔬菜加工、美食烹饪等实践活动。

校园四季鲜花盛开，种植鲜花是孩子们的拿手好戏。有播种、移栽、插花、造型等多种实践研究形式，因为美化了校园，很有成就感，同学们乐此不疲。

绿化美化，苗木种植在我们学校都是通过亲子活动来进行的。家长愿意教，学生乐意学，种植活动有声有色，效果明显。

蔬菜种植有班级体验种植和小组研究种植两种，班级体验区主要是孩子们为蔬菜加工和烹饪美食活动准备原材料，需要加工什么就种什么，何时要用就计划在哪个时间段开始种植。小组研究种植采用孩子们个人或小组轮流实践，完全是学生自主进行，以种植产生的经济效益多少作为评价标准。产品销售方式以跳蚤市场为主。

怡园泡菜主题课程是我校蔬菜加工主题的特色课程，因为泡菜，我们的种植主题确定也要考虑泡菜的原材料因素，想泡什么就种什么，不同时节泡不一样的品种，同一种材料研究几种风味，运用不同的泡法，比较、研讨、展示提高。加强语文、数学、科学、美术、音乐等课程与综合实践活动有效整合，挖掘他们的联系点，深化知识内涵，让校园资源充分发挥作用。

校园垃圾优化处理课程，是我们学校最具特色的主题课程。打造"零废弃"校园，从源头减少塑料垃圾，校园垃圾中的树叶、杂草、树枝、菜茎、花茎、厨余垃圾等都在校内进行优化处理，低年级运用蚯蚓塔分解垃圾，中年级通过制作酵素的方法处理垃圾，高年级收集其他垃圾粉碎，再利用堆肥桶、堆肥池进行环保堆肥，大量处理校园垃圾，逐步达到"垃圾不出校园"的目标。

校园垃圾优化处理课程框架

板块	主题	项目	内容	学段
垃圾那些事	文化探究	四千年农夫	探究中国的堆肥史	第二学段
	科学探究	了不起的土壤	认识有活力的土壤	第一学段
	科学探究	超级分解者	了不起的微生物	第三学段
	科学探究	身边的垃圾	了解垃圾分类知识	第一学段
	科学探究	慧眼识垃圾	校园垃圾调研	第二学段
	科学探究	肥料大不同	化肥与有机肥的现状分析	第三学段
堆肥小能手	技术探究	堆肥材料有区别	选择校园可堆肥的材料	第一学段
	技术探究	堆肥程序有讲究	探究生物堆肥的步骤	第二学段
	技术探究	堆肥种类有比较	探究国内外有机堆肥方式	第三学段
	建造实践	给蚯蚓宝宝安个家	制作蚯蚓塔	第一学段
	建造实践	香喷喷的堆肥	制作环保酵素	第二学段
	建造实践	堆肥区大变身	美化学校已有堆肥区	第三学段
	管理实践	小小饲养员	蚯蚓塔管理	第一学段
	管理实践	垃圾管理员	班级生活垃圾收集与处理	第二学段
	管理实践	垃圾粉碎机	校园劳动垃圾优化管理	第三学段
	观察记录	蚯蚓观察日记	图文结合记录蚯蚓的变化	第一学段
	观察记录	环保酵素变形记	观察并记录环保酵素过程的变化	第二学段
	观察记录	堆肥监测站	校园垃圾堆肥的监测与统计	第三学段
环保大舞台	成果展示	校园垃圾优化处理成果展	全校堆肥区宣传、堆肥制作成品展示	全学段
	成果展示	校园垃圾优化处理电台	蚯蚓塔、环保酵素、堆肥区管理变化电台播报	全学段
	成果展示	校园垃圾优化处理报告会	校园垃圾优化处理数据分析与案例整理报告	全学段
生活可持续	延伸拓展	乡村蚯蚓地图	绘制乡村活力土壤地图	第一学段
	延伸拓展	家庭堆肥实践	利用家庭废弃物改造堆肥桶	第二学段
	延伸拓展	校园土壤优化	改良怡美校园种植园土壤	第三学段
	延伸拓展	怡美环保市集	组织、参与校内外环保市集	全学段

怡美校园垃圾优化课程评价标准

	劳动观念	劳动能力	劳动习惯与品质	劳动精神
第一学段	1. 形成喜欢劳动、积极参与劳动的态度； 2. 尊重传统农业、尊重农民； 3. 懂得垃圾分类，人人有责； 4. 认同垃圾分类，人人都可以； 5. 初步形成参与班级集体劳动的意识	1. 能用感官识别有活力的土壤； 2. 掌握制作蚯蚓塔的步骤和方法； 3. 能持续照顾好蚯蚓； 4. 能正确辨别、选择可堆肥的垃圾； 5. 能持续观察并记录蚯蚓堆肥的过程； 6. 能自主表达、友好沟通	1. 懂得珍惜劳动成果； 2. 在劳动过程中遵守劳动纪律、安全规范； 3. 初步养成认真劳动、合理利用劳动材料的习惯； 4. 初步养成认真负责、有始有终的劳动习惯与品质	1. 不怕脏不怕累； 2. 团结友爱、互帮互助
第二学段	1. 形成热爱劳动、积极且主动参与劳动的态度； 2. 尊重劳动、尊重普通劳动者； 3. 懂得"一分耕耘，一分收获"的道理； 4. 初步形成社会服务意识、社会责任感	1. 掌握生物堆肥的基本步骤； 2. 掌握环保酵素的制作方法； 3. 能在家庭里利用废弃物改造堆肥桶； 4. 能初步学会与他人合作劳动； 5. 能清晰表达自我、有效沟通	1. 养成收集与处理生活垃圾的习惯； 2. 在劳动过程中主动遵守劳动纪律、安全规范； 3. 养成自觉自愿、认真负责、有始有终的劳动习惯和品质	1. 不怕脏不怕臭； 2. 勤俭节约、不怕困难
第三学段	1. 形成关爱生命、热爱自然的意识； 2. 理解普通劳动者的光荣与伟大； 3. 认识到劳动的社会意义； 4. 在劳动过程中初步形成劳动效率意识和劳动质量意识	1. 能发现问题、及时解决问题； 2. 能美化校园堆肥区，能合理有效管理校园劳动垃圾； 3. 能对校园垃圾堆肥进行监测与统计； 4. 能改良校园种植园土壤	1. 主动承担力所能及的劳动； 2. 养成安全劳动、规范操作、坚持不懈的劳动习惯和品质； 3. 在学习、实践堆肥知识的过程中增强劳动自信心	1. 吃得苦、耐得烦； 2. 不畏艰险、积极探索、勇于创新

三、常态开展活动，活动主题多元化

学生每年度分低、中、高段安排活动，包括根据时节安排校内种花、种树、种菜的实践性活动，进入社区考察本地种植品种和种植方法，食育文化设计与实践，垃圾回收物手工制作设计，学校水资源和校园绿化美化问题探究等大活动主题，还有家务劳动、校内卫生打扫，校园垃圾优化处理课程等

常规化实践活动。

四、落实活动效果，完善评价机制

我们通过确立责任班级、责任小组、责任人的方式进行责任分解，常态化开展各类活动，经常性开展主题研究活动。学校建立了一套以表现性评价、过程性评价和终结性评价为主的整体评价机制，采用周评、月评、期评相结合，及时评价，及时总结，推动综合实践课程健康快速发展。周评我们采用小组争优的评价形式，督促全体参与；月评的重点是月主题活动的效果，是对班级活动的一个阶段评价；期评以成长档案袋资料为依据的全员评价，将学生评为优秀、良好、合格和不合格等级，每学期评选一次劳动之星或者活动达人，树立典型，表扬优秀。

五、抓好主题策略，落实多元表现性评价

活动阶段中的表现性评价是综合实践活动最重要的一个环节，一般是结合节庆日主题活动来进行的。例如美食节活动，我们就是结合六一庆祝活动一起开展的，同时，学校蔬菜园也到了采摘的旺季，同学们的种植劳动收获也希望通过活动来进行展示，因此，学校就举行了一次全校性的六一美食节活动。

（一）前期策划与准备阶段

1. 研制评价性工具

六一美食节活动，我们利用不同形式的评价工具来评价学生的活动落实情况。有出勤记录表、劳动工具使用记录、家庭实践视频或照片上传情况记录表、主题研讨活动记录表、实践活动成果评价表等，最后，将劳动观念、劳动能力、劳动习惯与品质、劳动精神整合成个人六一主题活动评价表，存入学生成长档案袋。

2. 学校招募令

确定美食节大主题，学校先期向全校发布了活动方案设计招募令，同时评选策划小能手。各班马上分小组研讨，开头脑风暴讨论会，召开主题设计班会，一下子就点燃了全校师生和家长的研讨激情，大家都期待着诱人的美食节。

各班陆续上交了活动设计方案。有热菜、凉菜、水果拼盘、面食、点心的设计，也有宣传海报设计，有场地布置，还有器材设想，更是连评选方式、评委选择都有班级提供了建议。

学校召开专题会议研讨上交的方案，确定了本次"六一"美食节的最终方案。这是一个成功的招募令，是对学生思维能力、规划设计能力、小组

合作能力、创新能力表现的一次多元评价。

3. 海报设计

综合实践活动与各学科课程结合紧密，特别是语文和美术。海报制作大赛是这次美食节的一个重要项目，研究食育文化，设计美食作品，宣传中华美食，学生将调查研究、学习思考的结果写出来，画出来，做出来，增强了学生文化自信力，是对综合素养、知识迁移能力、实践创新能力的多元评价。

4. 安全培训

因为美食节活动要用到电和刀具，还有开水和热锅，都可能出现安全问题。因此，活动之前学校专门进行了安全知识培训，保证活动的顺利进行，更让学生知道活动中的安全保证是最重要的。

5. 操作训练

每个班级的制作内容确定之后，展示同学还需要在家里或班级进行多次操作训练，人员配合分工明确，有条不紊，切菜、配料、烹饪、摆盘等工序力求完美，精益求精。通过操练，学生的合作能力、比较能力、研讨能力、分析能力、创新能力都有一个从量变到质变的提高。

6. 志愿者招募与评委团组建

班级志愿者、家长志愿者、老师志愿者我们通过招募的形式选出，充分发挥学校、家庭、社会的综合力量，拓宽宣传的途径，保证活动有序进行。这次活动家长志愿者任务很大，因为学校只提供桌子、砧板和菜刀与基本调料，其他如锅、碗、盆、太阳伞都是班级自己准备，家长志愿者就是最大的后援团。另外，评委团的组建考虑到评价的全面性、多样性，评委团中有老师、学生、家长、社区干部，改变以往单一的教师评价为多元评价，着重质的评价，有利于学生的改进提升和长远发展。

（二）美食制作与展示评价阶段

1. 美食制作

全员参与，分工合作，社会参与就是过程与结果相统一。有班主任挂帅的，有保安叔叔充当后盾的，低年级还有家长现场指导的，几个平时调皮的小男孩这次都意外地成了班级的主力军，老师眼中的听话宝贝都只领到洗菜的工作。这就是人尽其才，竞争上岗，一次活动让孩子们充分明确认识到自己的优势与不足，是对学生适应能力、创新能力与全面发展的评价。

活动现场准备五花八门又不失统一，电磁炉、遮阳伞是标配，亲友团阵容庞大，他们一直都是活动的参与者，是真正的师傅，今天是孩子们的坚强后盾。家长志愿者是综合实践活动开展的重要力量，是活动顺利进行的保证，家长的鼎力支持，社会的高度评价，改变了传统的教育评价观念，促进了学校全面工作的开展。

这次综合实践活动的评价核心还是综合能力的呈现。美食制作的过程精彩纷呈，俨然厨王争霸。厨师服、白手套、电磁炉、高压锅、蒸烤箱、雕刻刀、榨汁机，齐齐上阵；热炒、冷盘、清蒸、水煮、油炸、红烧，手段各异；还有一年级的全员上场，每人一个水果拼盘，让人食欲大增。

2. 展示评价

操作进入白热化，文化设计比拼也拉开了帷幕。配色、造型、摆盘、命名、解说、试吃，宣传手段不遗余力，有的用"小蜜蜂"扩音，有的拿喇叭喊，低年级的打感情牌，直接就是拉票。

学校领导团里校长的评价是学生最期盼、最看重的，看着一双双渴望的眼睛，我很难取舍。其实每个参加的学生都非常棒，作品都是精品，只是做法不同，风格各异，按照色香味来评价，都可以评为优秀作品。

我们评委要给每个菜的造型设计、制作、学生对这个菜的宣讲分别进行打分，每项得分最高的就能获得对应的荣誉称号：小小设计师，小小美食家，宣传小能手。

除此之外评委还要根据每个班的台位表现情况对表现优秀的班级进行投票：学生参与度高，现场气氛活跃，服务招待热情，菜又整体受欢迎的班集体就能在"最受欢迎摊位"一项得票；台位区域干净整洁，节约用水，学生活动过程中遵守纪律的就能在"文明节约台位"一项得票。每项得票最多的班级就能获得对应奖项。

美食节圆满举行，多元评价也落到实处。学生最大的收获是享受过程，是素质的培养，是能力的提升。老师也在组织过程中总结经验，完善评价标准，让全过程评价和常态化综合实践活动落到实处。

六、价值意义

这次活动，是对学生前期种植活动效果的一个阶段评价，也是学校常态开展食育文化研究的一个表现性评价，孩子们的活动意识不断增强，活动能力多元发展，校内活动展评效果明显。

亲子活动是我们经常开展的活动形式，这次展评活动，得到了家长志愿者的大力支持，活动效果更加有保证。通过美食节主题活动，学生有成长，家长有收获，社会影响深远。

在长沙市教科院综合实践教研员姜平教授多次指导下，梅怡岭小学的综合实践活动精彩纷呈，整合活动经常性开展，学生多元评价落到实处，有效促进学校综合实践活动与劳动教育的整合发展。

借助综合实践活动常态化开展，学校确立了以"怡人环境、怡雅举止、怡悦课堂"为主旨的特色教育，正朝着建设精品怡美校园方向不断前进。

（案例作者：湖南省长沙市雨花区梅怡岭小学 周应文）

【案例六】

新时代学校劳动教育教师队伍建设

随着《中共中央国务院关于全面加强新时代大中小学劳动教育的意见》[（2020年3月20日）以下文中简称《意见》] 的出台，《义务教育劳动课程标准》的颁布，对新时代劳动教育做了进一步规范并进行系统性规划，为今后如何在新时代下开展劳动教育指明了方向。

目前劳动教师存在的问题：一是学校劳动教师的技术专业性不够，尤其是缺乏对生产劳动、现代服务业劳动以及新技术体验与应用方面的指导教师；二是以劳动教育为抓手，实现五育并举、综合育人的课程规划和设计能力不够；三是教师对劳动教育及课程实施的自觉性不够，尤其是组织综合性劳动教育主题实践活动缺乏经验，劳动教学有效性有待加强。

《意见》也对新时代劳动教育的人才队伍建设做了相关说明，要求建立专职、兼职相结合的劳动教育师资队伍，要求在教师培训内容中加入劳动教育，开展全员培训，强化每位教师的劳动意识、劳动观念，提升实施劳动教育的自觉性，对承担劳动教育课程的教师进行专项培训，提高劳动教育专业化水平。学校如何建设劳动教师队伍，落实劳动育人，金鹰小学通过一年多的探索，总结出一些经验。

一、整合资源，分级组建，优化劳动教育教师队伍建设

（一）整合资源，优化劳动教育教师配备

根据《义务教育劳动课程标准》的劳动课程内容结构，我校初步整体规划了学校课程框架，根据课程内容实施需要，结合目前学校教师实际情况，发挥家长和社会资源优化劳动教育教师配备，保障课程内容在十个任务群的全面实施。

金鹰小学劳动课程建构及教师配备

日常生活劳动		服务性劳动		生产劳动		职业教育	
任务群	负责人	任务群	负责人	任务群	负责人	任务群	负责人
清洁整洁课程	劳动课教师+班主任	班级服务课程（班级岗位我认领）	班主任	"种子魔法园"劳动课程（种植）	各学科教师（以劳动课教师为主）	学校职业教育课程（职业认知、职业体验）	家长志愿者
收纳大师课程	劳动课教师+班主任	学校服务课程（学校服务岗位我认领、大手牵小手）	德育处	"食育与文创"课程	基地专家教师+综合实践教师		
烹饪与营养课程	劳动课教师+家长	社区社会服务课程（我是小小志愿者）	德育处+班主任+社区+家长	传统工艺课程	美术老师+校外机构教师		
家用电器的使用与维护课程	综合实践教师+家长			新技术课程	信息技术老师+校外机构教师		

（二）分类管理，组建劳动教育指导管理团队

劳动教育的落实，还有待于学校行政的指导、监管。教学部门全面落实课程建构、实施、管理、评价和教师培训。德育部门负责学校服务劳动岗位的设计和实施，节庆日劳动教育活动的设计、实施和评价。卫生部门负责日常清扫保洁的管理，设立公示台账，及时评价，让每一位老师都参与到日常劳动和保洁中。三个部门分工合作，整体铺排，确保劳动教育常态实施。

（三）学科合作，组建跨学科劳动教育教师教研团队

组建由综合实践样板班教师、各学科教研组组长组成的跨学科教研团

队，发挥各自的优势，规划课程，开展研讨，组织跨学科劳动主题实践活动，达到综合育人的目的。

二、创新途径，多元培训，提升劳动教育教师专业能力

（一）定岗培训，全域推进，促劳动教育教师专业素养的普及

根据课程教学内容给校内、校外教师定岗，确定了基础型岗位、技能型岗位、综合型岗位、工匠型岗位、生产劳动型岗位，每个岗位都有各自的能力目标和评价方式，并进行有针对性的培训，为实现学校劳动教育的常态化、深入化、多元化的发展，奠定了坚实基础。

金鹰小学新时代劳动教育教师队伍建设"定岗分层"培训及评价一览表

教师结构	岗位	能力目标	学习内容	培养方式	评价考核方式
校内教师	全体教师（班主任为劳动课程教师）	日常基础性劳动教育岗位	1. 具有良好的劳动意识、劳动观念、劳动教育的自觉性。深入理解劳动课程独特的育人价值、课程理念和核心素养内涵，具备把握新时代劳动教育"综合育人"的教育理念；2. 具备较强的日常生活劳动能力和一定的创造美好生活能力；3. 在日常生活的学校教育工作中，能够做到以身作则、身体力行，落实日常校园劳动指导和学科劳动教育的渗透；4. 主要实施日常清洁、收纳、养护、家用电器使用和维护、手工制作。	1. 学习《劳动教育指导意见》《劳动教育课程标准》	教师例会组织学习	1. 文明办公室评比；2. 每日卫生日常检查评比，每周卫生流动红旗评比，每学期卫生星级班级评比；3. 跨学科劳动教育作业设计案例评比；4. 学生成果展；5. 学生生活劳动技能测评或比赛。
			2. 学习任教学科课程标准，钻研学科教材，明确进行学科劳动教育渗透的内容及方式	教研组学习	
			3. 收纳整理技能	专项技能讲座＋实操训练	
			4. 清洁技能	观看视频＋实操训练	
			5. 美食制作技能	研学基地专题"体验式培训＋家中实操"	
			6. 种植养护技能	学校劳动基地实践＋办公室绿植养护＋家庭绿植养护	

（续表）

教师结构	岗位	能力目标	学习内容	培养方式	评价考核方式
校内教师	学校美术老师+信息技术	专业技术型劳动教育岗位	1. 全面掌握手工制作方法或有某一劳动技能，且能自主开发劳动技能训练课，能正确、规范地使用工具；2. 能熟练掌握所指导的劳动项目的流程和技能，具备"以劳增技"的能力，引领教师和学生某一劳动技能的增长；3. 重点落实工艺劳动、新技术劳动的课堂教学	专项技能训练、课堂教学或设计组织劳动活动能力提升	专项技能培训、课例研讨	学生成果展示
	综合实践教师	综合型劳动教育岗位	1. 有很强的教育科研能力，具备课程资源开发能力，课程内容体系的建构能力，有很强的组织协调能力和劳动主题活动指导能力。2. 能够进行课例研讨、活动设计、成果展示，具备把控劳动教育教学"以劳创新"新航向能力。3. 课堂上主要实施主题式综合性劳动教育活动	1. 课程规划学习；2. 研学活动课程指导学习；3. 综合实践主题式活动实施的学习；4. 阅读综合实践活动、劳动教育、项目化学习、研究性学习等方面的书籍；5. 文创知识、技能学习	教师体验式培训+学生实训+课例研讨+课题研究+技能培训+自主学习	课堂教学竞赛（或研讨课）、说课比赛、专题活动学生成果展、教师成长档案袋、主题实践活动案例

（续表）

教师结构		岗位	能力目标	学习内容	培养方式	评价考核方式
校外教师	家长志愿者	工匠型职业教育岗位	1. 具有良好的职业素养或专业技能，能展示精湛匠艺或讲解职业特点、分享工匠情怀；2. 能较好地进行表达和互动，能设计学生喜闻乐见的体验活动，让学生进一步感知职业特点，让劳模精神、劳动精神、工匠精神深入学生之心，切实增强劳动教育的感染力。3. 主要是进行职业启蒙教育和技能学习	制作课件、设计教案、设计职业体验活动	1. 进行教学设计指导；2. 向家长开放教师课堂，跟岗学习	颁发奖状和奖品
	基地教师、聘请的校外机构老师，社区、社会和企业某一技术能手	生产劳动教育岗位	专业技能突出，是某一领域内标杆，能给予校中生劳动操作专业、规范的指导。开展生产劳动教育活动	专业技能学习、课堂教学能力提升学习	基地、机构为主，学校为辅，联合培养模式	1. 通过问卷调查或询问方式，了解学生喜爱程度；2. 成果展示

（二）专业引领，课程建构，提升劳动教师课程开发能力

教师的成长，离不开专业引领。我校劳动教育课程体系建构，在专家的引领下，不断提升教师课程开发能力。

1. 第一代课程规划

我校最初设计的劳动教育课程是单纯的日常生活劳动教学，过于片面和单一，无法体现树德、增智、强体、育美的综合育人功能。

金鹰小学 2020 年下学期劳动教育课程规划表（部分）

年级	校内劳动课程	家务劳动（1～2 年级每周不少于 2 小时，3～6 年级每周不少于 3 小时
三年级	1. 学会擦瓷砖墙、黑板、窗户和课桌椅； 2. 洗抹布、洗红领巾； 3. 学习择菜和洗菜； 4. 旧衣物的处理和再利用，以及玻璃、纸张、牛奶盒、各种容器的再回收方法（融合在校园节约调查与行动）； 5. 学做咸鸭蛋（结合端午节主题）； 6. 劳动教育主题队会	1. 坚持每天整理自己的床铺； 2. 每周洗碗不少于 1 次； 3. 每周在家中扫地或拖地 1 次； 4. 学习清洗抹布和自己的小内裤； 5. 坚持饭前帮家人盛饭、摆碗筷，饭后收拾、擦桌子； 6. 学会择菜、洗叶菜类及根茎花果类的蔬菜； 7. 学会文明如厕和冲厕所； 8. 坚持自己的衣裤自己叠； 9. 学会整理自己的书柜；
四年级	1. 学会打扫公共区； 2. 学会擦瓷砖墙、黑板、窗户和课桌椅； 3. 洗抹布、洗红领巾； 4. 饲养小动物； 5. 学习择菜和洗菜； 6. 当一天班级或学校保洁员； 7. 劳动教育主题队会； 8. 做风筝	10. 学会并坚持每天叠被子、整理床铺； 11. 陪父母买菜，并了解菜的品种及膳食知识； 12. 学会淘米，并能用电饭煲烧出软硬适中的米饭； 13. 种一盆花或蔬菜，养蚕宝宝、小金鱼、小乌龟等，并进行照料； 14. 学会烧一个菜； 15. 学会用洗衣机洗衣服、晒衣服

2. 第二代课程规划

2021 年 3 月，我们邀请了姜平教授对学校劳动主题课程规划进行了指导、梳理。在姜教授的指导下，围绕时令主题，开辟"春食之韵""夏食之恋""秋食之约""冬食之道"四大主题单元，立体架构，全新设计课程框架，实现了课程内容与劳动领域的融通，注重引导学生从问题探究、动手制作、亲历情境、文化创意等方面，经历丰富的劳动主题实践过程。学校团队反复讨论，多轮修改，设计了相应的课程模块及主题。最终，建构"时令有约食育新，金鹰探寻文创行"产教融合式劳动教育特色主题活动课程体系。此劳动课程体系，涵盖了研学课程、综合实践，注重了活动类型的综合，有考察探究、设计制作、社会服务、职业体验，让学生在开放、动态、多元、主动的真实的实践环境中，按不同学段呈梯度式上升，运用多样化的学习方式，为学生快乐成长提供课程支撑。

3. 第三代课程规划

2022年3月，学校开辟了"种子魔法园"劳动实践基地，我校劳动教育骨干教师团队共同研讨，自行构建了生产劳动课程框架，做到了"三个整合"：第一，寻找与学科课本相关的知识对接点，实现课本学习与劳动基地的整合；第二，寻找与拓展相关的实践探究点，实现生产劳动与实践探究的整合；第三，寻找与学校文化特色的链接点，实现生产劳动与文创设计的整合。

长沙市开福区金鹰小学"种子魔法园"——生产劳动课程框架

模块	主题	项目	项目说明	实施年级	实施学科
蔬菜『种子魔法园』课程	蔬菜品种及价值特性的认识	认识常见蔬菜	采访、资料搜集、实地考察：了解本地常见蔬菜的种类、营养价值和当季本地适合种的蔬菜	1～3年级	劳动课
		制订种植计划	讨论、实地考察：确定种植的蔬菜，丈量土地，计算需要购买蔬菜苗或种子的数量，集体讨论确定需要购买的物品和前期准备工作，制订计划	2～3年级	劳动课＋数学课
		制作蔬菜名牌	采访、资料搜集：了解蔬菜的特点以及种植方法，设计制作：设计绘制蔬菜名片	3年级	美术课

（续表）

模块	主题	项目	项目说明	实施年级	实施学科
蔬菜『种子魔法园』课程	蔬菜种植与管理养护实践	认识蔬菜种子	1. 认识常见蔬菜种子； 2. 了解种子的作用； 3. 了解种子发芽的条件	1~3年级	科学课
		蔬菜种植访行家	参观、人物访谈：参观蔬菜种植基地，采访专业人士，学习蔬菜栽培种植方法	2~3年级	劳动课＋校外参观
		种子成长变形记	实践探究：在菜地、花盆同时进行播种，探究、记录种子萌发变形，观察蔬菜的生长过程	2~3年级	科学课
		移栽蔬菜幼苗	劳动实践：在老师、家长的帮助下翻土、整地、施肥、移栽幼苗	3年级	劳动课
		蔬菜养护我能行	劳动实践：探究蔬菜的养护方法并实践。包括浇水、施肥、防病虫害、修枝、搭架等方法的探究实践	2~3年级	劳动课
	蔬菜文创作品的设计与制作	蔬菜叶的艺术	设计制作：用叶子制作标本、贴画	1~2年级	劳动课
		彩泥连连看	手工制作：果蔬作品，彩泥连连看	1~2年级	美术课
		果蔬的联想	设计制作：大胆联想，制作果蔬联想作品	3~4年级	美术课
		自制颜料	探究实践：尝试用蔬菜、水果、花卉等植物自制颜料并作画	3~4年级	美术课
		创编蔬菜文集	搜集与编写：搜集蔬菜的故事、诗词，创编蔬菜元素文学作品集	3年级	语文课

（续表）

模块	主题	项目	项目说明	实施年级	实施学科
蔬菜「种子魔法园」课程	蔬菜美食的烹饪与制作	择菜、洗菜大比拼	劳动实践：学习择菜、洗菜方法，拍摄视频、照片或现场展示	2~6年级	劳动课＋家中
		制作凉拌菜、蔬菜沙拉	劳动实践：学习用不同的调料制作凉拌西红柿、凉拌黄瓜、凉拌秋葵等凉拌菜和蔬菜沙拉，举办班级品尝会	3~4年级	劳动课＋家中
		干菜的探究与制作	探究、劳动实践：学习用蔬菜制作干菜，探究其制作方法、营养价值	3年级	综合实践＋家中
		开胃健脾泡菜制作	劳动实践：制作泡菜、酸菜，了解泡菜的营养价值	3~4年级	综合实践＋家中
	蔬菜种植的科学探究	环境对蔬菜的影响	科学探究：了解土壤种类和特点；对比实验探究土壤对蔬菜生长的影响	3年级	科学课
			科学探究：做对比实验，研究阳光对植物生长的影响	3年级	科学课
			观察探究：观察探究菜地里的虫子，了解它们的特点，初步学习如何防治病虫害	1~3年级	科学课
		蔬菜能美容	探究、体验：黄瓜、丝瓜等蔬菜美容的奥秘	3年级	综合实践
	成果展示	爱心菜场义卖	活动策划：策划校门口的爱心菜场义卖活动，撰写计划书	3年级	综合实践
			职业体验：把自己种的有机蔬菜（也可以是从批发市场买的菜）、蔬菜产品、蔬菜美食向家长、老师兜售。	2~3年级	劳动课＋课后服务

（续表）

模块	主题	项目	项目说明	实施年级	实施学科
蔬菜『种子魔法园』课程	成果展示	实践作品展	展示：班主任（歌谣集＋观察日记＋作文＋劳动视频制作等）＋美术学科作品（贴画＋彩泥＋自制颜料画＋蔬菜名片＋果蔬联想作品等）＋科学（观察记录＋实验记录＋实验报告）＋音乐学科（歌曲学唱、创编剧本＋舞蹈等）＋综合实践（研究报告＋蔬菜美食）	1～3年级	各学科教师

　　在专家的引领指导下，通过三次劳动教育课程体系的建构，不断提升了劳动教师课程开发和规划意识，并基于劳动课程目标和内容要求统筹安排课时，教师能从目标和任务出发，系统分析可利用的劳动资源和条件，开发资源、分解主题、制订具体的劳动方案，并将劳动教育课程与学校其他课程进行融合，推动家庭、学校、社会相互配合，整合实施，提高实效。

三、专题体验，复盘活动，全面提升劳动教师的课程执行专业能力

　　劳动技能、劳动习惯的培养是从实践中培养出来的。基于教师的专业技能不足，组织综合性的主题实践能力较弱。我校围绕"时令有约食育新，产教融合文创行"的主题课程，对接基地，开展教师专题体验培训，做中学，学中做，全面提升劳动教师的课程执行专业能力。

（一）教师专题体验活动过程

　　专题体验培训分为三个阶段，先是定制专题体验课程，然后开展教师专题体验活动，最后是组织学生开展实践活动。

　　第一阶段：定制专题体验课程

　　根据学校"食育＋文创"的课程规划，调查研学基地资源，与基地深入交流研讨，制定教师体验课程，细化课程设计和活动方案。

　　第二阶段：开展教师专题体验课程

教师基地体验课程模式化，流程为：前置课程、活动策划、制作体验、展示评价、总结复盘。培训中强调教师的实践与体验，让教师在实践中体验，在体验中成长，在实践中求效果。现在我以"本草五月，祛毒有方"制作包子的项目举例如下：

1. 前置课程

（1）专家讲座，文化植入。基地聘请长沙市教科院姜平教授做专题讲座。姜教授深刻解读了"本草五月，祛毒有方"的专题缘起的文化内涵及现实意义。

（2）产教融合，示范讲解。基地特邀本土品牌包子制作传承人吴达求先生为老师们讲述品牌背后的红色故事，分享非物质文化遗产的食育文化，并示范做包子，展示精湛技艺，老师们从中感受到工匠精神和精湛技术的魅力。

2. 活动策划

明确任务，制定小组活动方案。老师们仿佛回到了学生时代，成立研修小队，齐心合力想队名，想口号，根据各自专长，进行分工，并撰写活动计划书，设置主厨、摄像师、记录员、宣传员、摆盘员、海报制作人员、推销员……每个老师都全然投入到活动中。

3. 制作体验

根据指导老师提供的步骤方法，各小队分工合作动手制作包点，并为自己的作品设计海报和广告。包点师傅进行技术跟踪指导，手把手地教。和面是个力气活，但压面机几分钟就轻松搞定，让老师体验到新技术的魅力。这一环节，要引导老师不仅以实践参与者的身份去参与活动，同时还要以学生的身份去觉察，发现孩子们感兴趣的或可能会遇到的困难。

4. 展示评价

创新展示形式，举行"直播带货""美食大比拼"，并评选各种奖项。

5. 交流总结

引导老师交流沉浸式体验活动带给自己的感受、收获或发现（可以从活动的几个阶段来交流），以及今后指导学生开展活动的启发。可以从学生或老师的角度来分享交流。老师们分享完后，我们的综合实践骨干教师对活动进行点评，帮助老师复盘了开展食育文化劳动实践活动的流程以及各个环节的指导重点和难点，并强调老师们要围绕"食育文化"活动如何及时捕捉各小队生成性的问题，为开展后拓课程做相关指导。

第三阶段：组织学生开展劳动实践

教研团队开展集体研讨，复盘教师体验活动，深入分析体验中的问题，结合学生特点，设计学生的活动课程，制订计划和研学手册，并组织学生开展活动。

"本草五月，祛毒有方"——"珍馐美馔包中藏"劳动教育实践活动项目框架

教师活动项目框架		学生活动项目框架	
课程类型	活动项目	课程类型	活动项目
前期准备	对接基地，细化课程设计	前置课程	品鉴端午诗词，研习卫生防疫
	合理分组，设计《教师研学手册》		走进沙田包子，了解产教文化
			观看基地视频，记录初感疑惑
			组建研学小队，展示团队风采
基地体验课程	专家讲座，植入养生文化	体验课程	设计研学评价，创新评价奖项
	产教融合，示范制作包子		流程一：聆听专家讲座，了解养生文化
	明确任务，策划活动		流程二：明确活动任务，掌握制作方法
	自主探究，制作包子		流程三：小组实践合作，完成活动项目
	文化创意，设计文创作品		流程四：展示团队成果，进行活动评价
	展示成果，进行评价		
	分享交流，总结盘点		流程五：交流分享收获，感受成长乐趣
后期任务	制作美篇，宣传展示	后拓课程	流程一：文创设计，思维拓展
	填写手册，研讨交流		流程二：集思广益，产品宣传
	设计课程，指导学生开展活动		流程三：对比调查，凸显特色
			流程四：巧编花篮，致敬企业
			流程五：聚焦镜头，产品代言

（二）教师专题体验项目实施策略

1. **定制课程，细化方案，让培训有方向、有效果**

根据学校课程、参训教师的成长需求定制课程，把我校"食育文创"的特点亮出来。邀请各行各业的专家或能工巧匠，植入文化，传授技术，让老师们更好地掌握劳动技能和教育理念。

活动前，对接基地，深入沟通，细化方案，设计《教师专题体验培训手册》和展示评价形式，提前分组，做好充分的准备，确保活动有效开展。

2. **"实训＋展示"，促进教师专业成长**

教师的能力形成和动态发展依赖于教学活动中的经验"类化"，依赖于带领学生去扎实开展实践活动。为了更进一步推进综合实践活动教师的专业发展，促进教师从学习课程资源到运用课程资源，让实践意识成为日常的工作方式，我校教师2021年一共参加了四次"食育文化"专题体验培训，老师们置身于体验式情境中，经历了综合实践活动的全过程。骨干教师经历对课程的设计、研学手册的研发、学习单的设计，促进指导教师的专业发展，指导学生开展深度的研学实践活动。

为了让学生的实践活动更落地，要求样板班老师复盘活动举办美食文创成果展。活动深受孩子们的喜爱，也得到了家长们的高度赞誉，学生的综合素质也因此得到锻炼和提升。这些展示，既是对学生的一种激励，也是一次相互学习的机会，更能让教师们获得成就感，是保持教师专业能力持续提升的动力。

教师完整经历教师体验活动和学生的实践后，组织综合性劳动实践活动的意识得到增强，能力得到提升，切实感受了综合性劳动实践活动的价值与意义；有效地进行了目标传递、技能传递、步骤传递、信息传递、理念传递、合作传递，实现了培训效果的最优化。

3. **打破"学科边界"，提供劳动教师发展新动力**

在"金质离离色，禀异成良方"制作陈皮果脯和橘子罐头活动中，采取混合编组，科学、音乐、美术、数学老师分散到各组。在文创设计和金鹰片场记中，老师们各自发挥自己的特长，一起合作，既增进了彼此的了解，也让老师们合作的效果很好，增强了教师群体"学科融合"意识，形成"沟通与交流""学习与分享"的教师集体协作氛围。在指导学生开展"金质离离色"的主题实践课程中，为了让展卖会开展得更好，语文、数学、英语、音乐、美术多学科融合：在活动过程中，孩子们写了围绕橘子的观察日记，写 LOGO、海报、文创作品的设计理念，写剧本、写营销策划书等等，都是综合实践课程与语文学科的融合；在文创设计阶段，孩子们围绕"orange"这个单词背后所对应的美好寓意请教英语老师，这是与英语学科的融合；在展卖会之前，孩子们对成本、定价产生了疑问，又和数学老师一起对这些数学问题进行了探讨，这是与数学学科的融合；孩子们还想通过唱歌、跳舞吸引顾客，于是上网学，请教音乐老师，音乐老师和孩子们一起设计叫卖音乐和舞蹈；美术老师更是全程指导孩子们的 LOGO、海报、包装、钥匙扣的设计和制作。

经过一年多的培训和实践，金鹰小学劳动教师队伍建设初见成效。组建了一支能全面实施劳动教育任务群的教师团队；形成了富有学校特色的劳动教育课程体系；样板班教师迅速成长，课程规划和组织能力得到提升，充分发挥辐射和引领作用；全体老师对劳动教育的重视得到很大提升，日常劳动课程实施扎实有效，主题式劳动教育实践活动开展得有声有色，全体教师的跨学科开展综合性学习意识得到提高，并能渗透到自己的教学活动中去。学生的综合素质得到提升，更好地达成课程目标，落实立德树人根本任务。

美好生活由劳动创造。愿我们的老师都热爱劳动，并以自身的行动和精神生活作为榜样，引领孩子迈向更美好的人生！

（案例提供：湖南省长沙市开福区金鹰小学　易余清）